# LA DÉCLARATION

## DE

# CHISLEHURST

### ET SES

## CONSÉQUENCES LOGIQUES

---

*Prière de faire circuler et de reproduire au besoin
si on juge qu'il y a du patriotisme à le faire.*

---

## VERSAILLES

IMPRIMERIE G. BEAUGRAND ET DAX,
9, RUE DU POTAGER, 9.

—

1874

# LA DÉCLARATION

## DE

# CHISLEHURST

### ET SES

### CONSÉQUENCES LOGIQUES

---

*Prière de faire circuler et de reproduire au besoin*
*si on juge qu'il y a du patriotisme à le faire.*

---

## VERSAILLES

IMPRIMERIE G. BEAUGRAND ET DAX,

9, RUE DU POTAGER, 9.

—

1874

LA

# DÉCLARATION DE CHISLEHURST

## ET

## SES CONSÉQUENCES LOGIQUES

## INTRODUCTION

Le 16 mars dernier, le Prince impérial a dit : « Quand l'heure sera
» venue, si un autre gouvernement réunit les suffrages du plus
» grand nombre je m'inclinerai avec respect devant la décision du
» pays. »

Cette façon toute modeste de se soumettre *à priori* au jugement
du pays constitue une nouveauté que des écrivains ont déjà signalée
à l'attention de l'opinion publique. Mais ce qu'on ne paraît pas
avoir déjà entrevu, c'est que la théorie de l'appel au peuple *à priori*,
telle que le Prince impérial l'a proclamée, porte en elle des conséquences qui sont essentiellement patriotiques et qu'il est bon de
faire ressortir dans l'unique pensée d'éclairer les esprits et de tra-
vailler au rétablissement de l'ordre social en France.

Enfin, la déclaration de Chislehurst qui est déjà très-remarquable
en elle-même, puisque la souveraineté du peuple y est acceptée en
principe, l'est encore davantage par les conséquences rénovatrices
qui doivent en découler nécessairement, car, lié par son propre principe : *l'appel au peuple*, le Prince impérial sera amené par la force
des choses et en dépit de toutes les résistances égoïstes à se prêter de
la meilleure grâce du monde aux réformes libérales et républicaines
que le peuple français aura la volonté d'accomplir.

C'est cette logique du principe proclamé le 16 mars dernier que je
vais essayer de démontrer en examinant successivement quelles
doivent être, du régime plébiscitaire et de l'appel au peuple :

Les raisons de triompher ;

Les causes de triomphe ;

Les conséquences dynastiques ;

Les conséquences gouvernementales ;

Les conséquences sociales, etc.

Mais avant d'entreprendre cette énumération je veux définir les gouvernements, non pas d'après ce qu'ils paraissent être, mais bien d'après ce qu'ils sont en réalité.

Une semblable précaution n'est vraiment pas inutile car nos hommes politiques font un si grand abus des mots, et les apparences sont si souvent prises en France pour des réalités, qu'il y a nécessité de remédier à un aussi grand mal en définissant les gouvernements d'après leur *essence intime* et non d'après leur *forme extérieure*.

En thèse générale, les gouvernements politiques, quel que soit d'ailleurs le nom qu'on leur donne, sont :

Ou des gouvernements *d'exception*.

Ou des gouvernements *de principe*.

Les gouvernements *d'exception* sont ceux qui s'appuient sur une force armée quelconque pour subsister et qui ne vivraient pas sans elle.

Les gouvernements *de principe* sont ceux au contraire qui reposent sur la bonne volonté des éléments civiques, et qui trouvent leur raison de subsister dans le libre consentement des citoyens.

Les gouvernements *d'exception* sont ceux où une volonté particulière (simple ou composée) s'impose à la volonté générale, tandis que les gouvernements *de principe* sont ceux où la volonté générale est maîtresse d'elle-même.

Les gouvernements *d'exception* sont ceux où une minorité quelconque fait la loi à la majorité nationale; c'est le règne de l'arbitraire. Tandis que les gouvernements *de principe* sont ceux où la majorité nationale se fait la loi à elle-même parce qu'elle dispose du pouvoir législateur et de la souveraineté : c'est le règne des lois.

Les gouvernements *d'exception* sont ceux dans lesquels la volonté particulière qui gouverne (simple ou composée) est *externe ;* c'est-à-dire placée en dehors des populations gouvernées : ce sont les gouvernements du pays *sans* le pays.

Les gouvernements *de principe*, au contraire, sont ceux dans lesquels les volontés qui gouvernent sont *internes ;* c'est-à-dire formées des populations même qui sont gouvernées : c'est le gouvernement du pays *par* le pays.

Enfin les gouvernements *d'exception* sont ceux où *l'exception* gouverne *la règle*, tandis que les gouvernements *de principe* sont ceux où la *règle* se gouverne elle-même.

Tous les gouvernements politiques qu'on peut rencontrer sur le globe rentrent dans l'une ou l'autre de ces deux catégories et il n'y a de différence entre les gouvernements d'une même catégorie que dans le plus ou le moins.

Les gouvernements qui doivent être classés parmi les régimes *d'exception* sont ceux ci-après :

1º Les monarchies effectives, c'est-à-dire absolues et autocratiques ;

2º Les empires effectifs, c'est-à-dire autoritaires et césariens ;

3º Les faux régimes libéraux, tels que les royautés qui ne sont constitutionnelles que pour la forme, et les gouvernements exclusivement parlementaires, c'est-à-dire exclusivement bourgeois ;

4º Les républiques arbitraires et purement nominales, c'est-à-dire contraires à la volonté générale.

Les gouvernements qui peuvent être classés parmi les régimes *de principe* sont ceux ci-après :

1º Les monarchies véritablement constitutionnelles.

2º Les empires franchement plébiscitaires ;

3º Les républiques effectives et légales ; c'est-à-dire acceptées librement par une grande majorité nationale et subsistant sans le secours de la force armée.

En un mot, doivent être rangés parmi les régimes *d'exception* tous les gouvernements de minorités et de factions qui s'imposent à la majorité et qui lui font la loi, tandis qu'on doit mettre au nombre des régimes *de principe* tous les gouvernements de majorité et dans lesquels la volonté nationale est par elle-même la puissance d'institution, ainsi que la force initiale et directrice.

Dans la classification qui précède on a fait la distinction entre la république qui est imposée au peuple par une faction et qui, par ce fait, n'existe que dans les mots, et la république qui est l'ouvrage même de la volonté nationale, et qui, par ce fait, existe dans les choses. C'est-à-dire qu'on a distingué la république arbitraire qui n'est que nominale et la république légale qui est effective et vraie.

En suivant le même ordre d'idées nous avons rangé parmi les gouvernements *de principe* et mis sur le même pied que les républiques légales, les monarchies qui sont véritablement constitutionnelles et les empires qui sont loyalement plébiscitaires, car l'hérédité dynastique qui distingue ces deux sortes de gouvernements est parfaitement compatible avec les institutions républicaines telles qu'on peut les réaliser dans une monarchie où le régime constitutionnel ou plébiscitaire est vrai et sincère.

C'est assez l'habitude parmi nos lettrés, aux yeux desquels la forme domine tout, de ne voir de république que là où le chef de l'Etat est soumis quand même à un régime électif. Mais si cette opinion était fondée en principe il faudrait conclure :

1° Que le gouvernement despotique des Turcs qui opprimait l'Algérie avant 1830 était une république, puisque le chef de l'Etat (le Dey) était toujours soumis à l'élection.

2° Que la république des Spartiates n'était pas une république puisque cette nation avait des rois héréditaires.

Si au contraire on veut bien ne pas être systématique et se régler sur les faits, on arrive à cette conclusion que l'institution républicaine est effective et réelle quand la volonté générale a force de loi; c'est-à-dire quand elle règne et que le chef de l'Etat (électif ou héréditaire) s'y soumet comme tous les autres citoyens, dût-il, sous ce rapport, leur donner l'exemple à tous.

Mais cette condition une fois remplie, l'hérédité dynastique n'est point un obstacle à la république, car ainsi que l'a très-bien dit J.-J. Rousseau : « *La monarchie elle-même est république si son gou-* » *vernement est guidé par la* VOLONTÉ GÉNÉRALE *qui est la* LOI (1). »

De ce qui précède je conclus :

1° Que le Gouvernement anglais avec sa dynastie héréditaire est aussi bien une république que le gouvernement des Etats-Unis;

2° Que la fameuse République française d'autrefois qui n'avait pas de dynastie n'a jamais été, au dire même de Carnot : « *qu'un despo-* » *tisme continuel*; »

3° Que la monarchie soi-disant constitutionnelle qui a existé en France de 1815 à 1848 n'était pas d'essence républicaine, ni *libérale*, puisqu'à cette époque, comme à toutes les époques de notre histoire depuis Louis XIV, les Français étaient soumis à un régime de minorité et d'exception contradictoire à l'institution républicaine et au gouvernement de principe;

4° Que nos factions républicaines qui essayent de s'imposer à la volonté nationale ne peuvent pas réaliser la république légale, bien qu'ils aient pour eux les formes extérieures de ce régime, parce qu'ils ont recours à un procédé arbitraire qui est contradictoire au génie républicain;

5° Que le représentant de l'idée impériale, qui a déclaré *a priori* s'incliner « *avec respect devant la décision du pays*, » et qui se subordonne ainsi à la souveraineté nationale, a posé les bases d'un régime républicain effectif et d'un gouvernement *de principe*.

---

(1) *Du Contrat social*, livre II, § 6.

## Des raisons de triompher du régime plébiscitaire en France.

En thèse générale le peuple seul est souverain.

Voilà le principe des nations. Mais la souveraineté du peuple se distingue en ce qu'elle est tantôt en réserve et tantôt active.

Elle est en réserve, c'est-à-dire potentielle :

1° Lorsque les masses populaires ne remplissent pas les obligations militaires et les devoirs civiques qui leur incombent comme membres de la société politique. Exemple : les populations chinoises et asiatiques ;

2° Lorsque les masses populaires se placent sous la tutelle de quelques familles guerrières et demandent protection à une classe particulière de la société. Exemple : Les populations de l'Europe au moyen-âge ;

3° Lorsqu'elles restent indifférentes à la chose publique et qu'elles séparent leur intérêt personnel de l'intérêt général. Exemple : les Français de l'ancien régime et les populations de la Turquie d'Europe ;

4° Lorsqu'elles se soumettent au joug d'un conquérant et qu'elles acceptent fatalement le fait accompli par la force armée et la déchéance souveraine qui en découle pour le peuple conquis. Exemple : les populations italiennes à partir de la Renaissance et certaines nations de l'Orient ;

5° Lorsque les masses populaires sont voluptueuses et efféminées et qu'elles ne savent pas s'imposer les soucis politiques ni accepter la responsabilité gouvernementale qui incombent à tous les peuples qui sont libres ; c'est-à-dire qui sont souverains actifs. Exemple : les populations de la Turquie d'Asie et de la Perse ;

6° Lorsque ces mêmes masses sont avides, matérielles et profondément égoïstes et qu'elles ne savent pas borner leur ambition ni se donner de sages limites, base essentielle de toute souveraineté active. Exemple : les populations de la Rome césarienne.

La souveraineté est active dans les masses populaires :

1° Lorsqu'elles remplissent bien leurs devoirs militaires et acceptent les obligations civiques qui leur incombent comme membres de la société politique. Exemple : Les masses populaires de la France ;

2° Lorsqu'elles résistent au joug d'un conquérant et qu'elles n'acceptent ni le fait accompli ni la déchéance qui en découle. Exemple : les populations hongroises ;

3° Lorsqu'elles s'imposent courageusement les responsabilités gouvernementales qui leur incombent comme citoyens libres. Exemple : Les Suisses.

4° Lorsqu'elles savent se donner des limites et borner leur penchant à la conquête par les armes. Exemple : Les populations anglaises de nos jours.

D'après l'exposé qui précède on voit qu'il n'est pas possible d'adopter un système absolu et exclusif de *l'activité* souveraine, car cette activité est toujours conditionnelle aux services rendus à la société et aux vertus civiques, toutes choses qui varient selon les temps, les milieux, les âges et les circonstances.

En un mot, l'activité souveraine est proportionnelle et suit la progression que voici :

Dans une nation, par exemple, où un seul a le souci de tout le pouvoir et l'embarras de tout le gouvernement, c'est lui, naturellement, qui est l'unique souverain, surtout quand le service de guerre n'est plus un devoir national pour tous mais un métier pour quelques-uns ;

Dans une nation où une classe noble supporte seule toutes les charges publiques (civiles ou militaires) c'est cette classe qui est logiquement la souveraine ;

Si, au contraire, toutes les charges sont supportées par une haute bourgeoisie à l'exclusion des nobles qui n'existent pas dans la nation et des masses populaires qui sont en tutelle, c'est cette bourgeoisie qui est en fait la seule souveraine de la nation ;

Mais si les charges publiques sont supportées par les masses populaires, ce sont elles qui sont souveraines par la force des choses.

En un mot, la souveraineté active, comme la prépondérance sociale et gouvernementale, est logiquement acquise à ceux d'entre les citoyens qui supportent les charges les plus lourdes et qui, au péril de leurs jours, combattent pour la gloire de la patrie et l'intégrité du sol national.

D'où je conclus que dans une nation telle que la France moderne, où les sacrifices publics (taxes fiscales et impôt du sang) incombent plus particulièrement aux masses populaires, il est de rigueur que ces masses soient souveraines et fassent prévaloir leur volonté.

Voilà pourquoi le régime plébiscitaire et de l'appel au peuple a parfaitement sa raison d'exister en France, car tandis que nos classes qui ont la prétention d'être dirigeantes servent généralement l'Etat pour de l'argent et accaparent toutes les fonctions salariées, nous voyons les masses populaires payer de leur personne pour la seule gloire de la nation et payer de leurs deniers pour le seul bonheur de la gent gouvernementale.

Enfin si on considère que les masses populaires de la France sont relativement plus morales et moins égoïstes que les classes soi-disant dirigeantes, on n'a pas de peine à comprendre que ces masses soient souveraines en fait et que, selon la maxime de l'Evangile retournée : *« les derniers soient les premiers. »*

Il est vrai qu'on oppose la science des privilégiés à l'ignorance des masses.

Mais ceux qui établissent cette opposition paraissent ignorer qu'en politique il s'agit bien moins d'être pétri de science que d'avoir de la modération ainsi que de la bonne foi, et que des illettrés loyaux et modestes dans leurs vues sauront toujours mieux se rendre à l'évidence et accepter la vérité politique que des lettrés ambitieux et avides comme ils le sont assez généralement.

Ah! messieurs les intelligents, vous aurez beau faire, vous n'altérerez pas l'éclat de cette simple vérité, à savoir : qu'un peuple brave et laborieux est généralement doué d'un bon sens pratique et d'une droiture politique qu'on ne rencontre jamais chez des lettrés instruits mais passionnés, et qui se distinguent le plus souvent par cette mauvaise foi qui consiste, non pas à méconnaître ostensiblement le bien public (ce qui suppose un certain courage), mais à le travestir en abusant des mots et en faussant les principes.

Veulent-ils, par exemple, abaisser tout ce qui est au-dessus d'eux ? Ils donnent à ce nivellement le grand nom de *démocratie.*

Veulent-ils monter au pouvoir et y être les premiers? Ils imaginent un gouvernement auquel ils donneront l'étiquette magique de *république.*

Veulent-ils dominer ceux qui font obstacle à leur ambition effrénée ? Ils arrivent à leur but en s'abritant sous le beau nom de *liberté.*

Voilà ce qu'on n'a pas à redouter des masses populaires, parce que, n'étant pas lettrées, elles sont dépourvues de cette rouerie scientifique dont on a besoin pour travestir la vérité politique et altérer les bons principes.

Du reste si on veut juger de la désastreuse influence que le lettré avide et les prétendus savants exercent sur une société politique, on n'a qu'à jeter un coup d'œil sur la marche du monde romain. C'est avec des ruraux illettrés mais modérés et braves que la République romaine a été fondée ; c'est avec des urbains lettrés mais avides et égoïstes que la même République a été ruinée, parce que la première condition d'existence d'un régime républicain c'est que les citoyens soient, non pas des savants, ni des lettrés, mais bien des hommes braves qui sont avant tout désintéressés, loyaux et de bonne foi.

Cette distinction est fondamentale et c'est le sentiment que les Français peuvent en avoir qui doit accroître de plus en plus la force à l'idée plébiscitaire au milieu de nous, car quiconque n'est pas aveuglé par l'esprit de faction et veut le rétablissement de l'ordre en France comprendra aisément qu'à la sophistique des lettrés il faut opposer le bon sens pratique et le jugement rectiligne des masses populaires.

Finalement je conclus que le régime plébiscitaire a parfaitement sa raison d'exister en France.

## Des chances de triomphe du régime plébiscitaire en France.

Les opinions politiques qui aspirent à l'honneur de triompher en France se divisent en deux catégories bien distinctes.

D'une part nous avons les minorités qui veulent faire violence à la nation au nom de leur roi ou de leur parlementarisme sinon de leur république nominale, et qui ne peuvent instituer qu'un gouvernement *d'exception*.

D'autre part nous avons la volonté nationale qui aspire à être la maîtresse d'elle-même et qui peut seule instituer un gouvernement *de principe*.

En un mot nous avons: d'une part les factions qui se disputent l'honneur de faire la loi à la majorité nationale, sous prétexte que celle-ci est composée d'ignorants et d'imbéciles.

Et d'autre part nous avons les éléments populaires qui aspirent au bonheur de se donner des lois et qui sont en droit et en pouvoir de le faire.

Deviner maintenant qui doit finalement triompher : ou des minorités factieuses qui usurpent sur l'opinion publique ou de la grande majorité nationale qui aspire à la souveraineté, cela n'est pas difficile.

Comme le Prince impérial représente le parti plébiscitaire qui doit un jour triompher de tous les obstacles, j'en conclus que c'est lui qui l'emportera sur tous ses compétiteurs.

Ah ! Si le chef d'un parti héréditaire quelconque avait eu l'habileté de devancer le Prince impérial dans la voie de la soumission à
la volonté nationale il aurait pu enlever au descendant des Napoléon
le seul principe, d'où il tire toute sa force et sa raison d'être. Mais
maintenant le sort en est jeté, c'est le Prince impérial qui domine
la situation parce qu'il a le mérite de la priorité comme représentant
des intérêts légitimes des masses populaires.

On peut même dire qu'il n'a plus à craindre ni les factions royalistes ni les factions républicaines.

D'abord il n'a plus à craindre les royalistes, car, indépendamment
de la question de souveraineté qui sépare la France des Bourbons
(aînés ou cadets), il y a ce fait qui mérite d'être noté : C'est qu'aujourd'hui en Europe le mot : *Royauté* emporte avec soi une idée de
puissance de second ordre et cela est si vrai que partout on se sert
du mot : *Empire* pour désigner les puissances de premier ordre.

Les Anglais mêmes ne font pas exception à la règle car ils disent
très-bien dans leurs papiers officiels : « *Notre Empire colonial.* »

On comprend donc aisément que les Français ne veuillent pas revenir à une dénomination qui serait à leurs yeux une affirmation
de leur amoindrissement territorial et de leur dégénérescence politique.

Voilà pour les royalistes.

Quant aux républicains, le Prince impérial n'a pas davantage à les
redouter car, s'il est vrai que dans les élections partielles ils obtiennent quelquefois la majorité des voix par rapport au chiffre des
*votants*, ils n'arrivent pas à l'obtenir par rapport au nombre des électeurs *inscrits*, de sorte qu'au point de vue de la majorité nationale et
de la légalité ils constituent une minorité arbitraire et une autorité
d'exception.

Enfin si on considère que le tout n'est pas d'obtenir un résultat
immédiat comme celui que nos républicains obtiennent présente-
ment, mais bien d'avoir pour soi ces innombrables abstentions qui
se manifestent dans les élections législatives depuis le 4 septembre 1870, on peut en conclure que les partis républicains sont définitivement condamnés. D'autant plus qu'il ne viendra à la pensée de
personne de croire que les abstentions qui se produisent sont républicaines, car l'acharnement avec lequel les hommes de ce parti
cherchent à triompher dans les élections ne permet pas de supposer
une abstention quelconque de leur part.

Mais enfin quelle que soit l'autorité plus ou moins grande que les
républicains puissent exercer sur la grande majorité nationale, j'estime qu'il faut considérer avant tout que la trop grande étendue de

notre territoire, surtout en y comprenant l'Algérie, s'oppose fatalement à l'institution de la République élective en France car, ainsi que Montesquieu l'a très-bien fait observer : « Il est de la nature » d'une République qu'elle n'ait qu'un petit territoire, *sans cela elle* » *ne peut guère subsister* » (1).

On peut m'objecter, je le sais, l'exemple des Etats-Unis qui constituent une République élective bien que ces Etats aient une très-grande étendue de territoire.

Mais à cela je répondrai :

1° Qu'aux États-Unis les institutions locales sont fortement constituées et qu'ensuite le gouvernement de Washington est soumis à un régime fédéral tel qu'on ne pourrait pas en instituer un en France en ce moment, parce que, indépendamment de nos mœurs qui sont centralistes plutôt que fédérales, nous avons à nos portes de redoutables voisins comme n'en ont pas les Américains du Nord ;

2° Que si on veut bien y regarder de très-près dans le présent on verra que cette république n'a plus sa pureté primitive, précisément parce que son territoire est trop étendu ;

3° Que si on veut bien y regarder d'un peu loin dans l'avenir, on verra que cette république présidentielle tombera prématurément : ce qu'il faudra attribuer en partie à la trop grande étendue de son territoire.

En résumé, comme nos républicains, malgré leurs succès apparents, n'ont pas pour eux la majorité nationale, ce ne sont pas des concurrents sérieux.

Mais ici se pose une question :

Les abstentions innombrables que les républicains ont contre eux seront-elles acquises au Prince impérial ?

Voici ma réponse :

Au quatre septembre 1870, il existait en France une constitution votée par le Peuple, le 8 mai 1870.

Eh bien, si on considère que cette constitution a été méconnue par les divers gouvernements qui se sont succédé en France depuis le quatre septembre 1870 ;

Si on considère encore que toutes les factions qui se disputent le pouvoir sont d'accord pour ne tenir aucun compte du vote du peuple et de la volonté directe de la nation, ce qui est une injure faite à celle-ci, on n'a pas de peine à comprendre que la majorité nationale s'abstienne systématiquement dans les temps présents, car son in-

---

(1) *Esprit des lois*, livre VIII, chap. XVI.

tervention aurait pour effet naturel de fortifier des gouvernements qui lui sont contraires et qui lui ont ravi et son honneur civique et son droit souverain.

Mais du jour où nos braves populations des provinces redeviendront souveraines, comme le veut la force des devoirs, elles cesseront tout naturellement de s'abstenir et donneront leur consentement au régime plébiscitaire et au Prince qui le représente.

Ce mouvement est tellement déterminé qn'il faut être aveugle pour ne pas le voir poindre à l'horizon.

Mais, me dira-t-on, pourquoi le Prince impérial obtiendrait-il la majorité nationale, puisque les bonapartistes ne l'obtiennent pas quand ils triomphent dans les élections partielles?

A cela je répondrai que la cause du Prince impérial est tout à fait indépendante de celle des bonapartistes et que des populations qui sont hostiles sinon indifférentes, quand il s'agit des bonapartistes autoritaires, peuvent très-bien réserver toute leur affection pour le Prince impérial, car il faut tenir compte que, en dehors des bonapartistes autoritaires, il y a la masse des plébiscitaires nationalistes qui, bien que n'aimant pas le parti bonapartiste (en tant que faction exclusive et confrérie fermée,) sont tout dévoués à la dynastie ouverte des Napoléon qui se trouve être en ce moment la seule protectrice des droits populaires.

Certes, je ne puis mieux faire ressortir la différence qu'il doit y avoir entre la cause des bonapartistes autoritaires et celle du Prince impérial qu'en ayant recours aux chiffres que voici :

Au plébiscite du 8 mai 1870, le département du Pas-de-Calais donnait 171,622 « oui » sur 204,302 électeurs *inscrits*. Ce qui fait pour l'Empereur une *majorité* départementale de 69,471 voix ;

A l'élection législative du 8 février 1874, le même département a élu M. Sens par 70,997 voix sur 204,010 électeurs *inscrits*, ce qui fait pour les bonapartistes une *minorité* départementale de 31,008 voix ;

Au plébiscite du 8 mai 1870, le département de la Nièvre donnait 72,314 « oui » sur 97,708 électeurs *inscrits*. Ce qui fait pour l'Empereur une *majorité* départementale de 23,460 voix ;

A l'élection législative du 26 mai 1874, le même département a élu M. de Bourgoing par 37,508 voix sur 96,628 électeurs inscrits. Ce qui fait pour le parti bonapartiste une *minorité* départementale de 10,746 voix.

Ainsi, là où l'Empereur a eu la majorité des *inscrits*, les bonapartistes ont eu la minorité, de sorte que la conclusion qu'on peut tirer, à la rigueur, des chiffres qui précèdent, se résume comme il suit :

1° Tout en triomphant dans quelques élections partielles, les bonapartistes n'ont pas pour eux la majorité nationale, de sorte que, sous ce rapport, ils ne sont pas plus avancés que les républicains ;

2° Toutes les voix acquises aux Napoléon ne sont pas acquises aux bonapartistes autoritaires ;

3° Les succès des bonapartistes n'étant que relatifs, ils ne peuvent pas servir de base d'appréciation pour l'élection du Prince impérial, car si ce prince n'avait que les voix des bonapartistes pour conquérir le pouvoir, il échouerait nécessairement dans son entreprise plébiscitaire et resterait fatalement un chef de faction ;

4° C'est en dehors du parti des bonapartistes autoritaires que le Prince impérial doit chercher la forte majorité nationale sans laquelle il ne pourrait régner ni dignement, ni sùrement ;

5° La politique du Prince impérial doit être avant tout une politique de conciliation en vue de rallier ce qu'il y a de bon et d'honnête dans le radicalisme et de reconstituer à son profit la grande majorité nationale d'avant le quatre septembre 1870 ;

6° L'avenir appartient à un grand parti national et plébiscitaire qui reste encore à fonder et devant lequel il faudra que les bonapartistes autoritaires s'effacent nécessairement s'ils ne veulent pas nuire au Prince impérial comme ils ont nui à l'empereur Napoléon III ;

7° La lutte qui paraît s'être circonscrite entre les républicains et les bonapartistes n'est que momentanée et très-artificielle, car la véritable lutte de l'avenir est celle qui doit s'établir entre la volonté générale représentée par le Prince impérial et tous les régimes de faction (les autoritaires compris) qui tendent à dominer cette même volonté générale ;

8° Les meilleurs amis du Prince impérial ne sont pas ces zélés qui se gonflent d'importance et qui perdent la cause qu'ils défendent en violentant les opinions ; mais bien ces hommes modérés qui conquièrent les cœurs en leur laissant l'initiative des sages résolutions, car ainsi que l'a très-bien dit Montesquieu : « *C'est la modération qui gouverne les hommes et non pas les excès.* »

Pour nous résumer, disons que le jour où le pays, directement consulté, aura à choisir entre un régime normal et bien ordonné comme peut l'être un régime loyalement plébiscitaire et un système anormal et désordonné comme le sont tous les régimes de faction, sa préférence ne sera pas douteuse. D'où je conclus que la cause plébiscitaire triomphera ainsi que la cause du Prince impérial, puisqu'elles sont inséparables l'une de l'autre.

# Des conséquences dynastiques du régime plébiscitaire en France.

*Première conséquence dynastique.* — Dans les gouvernements d'exception (Monarchies absolues ou faussement constitutionnelles, Empires césariens ou Républiques arbitraires) les chefs s'imposent à la volonté générale parce qu'ils représentent un intérêt de faction qui est contraire à l'intérêt public.

Ce qui résulte de ce fait c'est qu'on ne peut pas être tout dévoué à ces chefs et rester en même temps un citoyen dévoué à sa patrie. C'est-à-dire que le dévouement à une faction égoïste (comme elles le sont toutes) ne se concilie pas avec le dévouement patriotique parce que ces deux dévouements sont contradictoires.

Dans les gouvernements de principe, au contraire (Monarchies vraiment constitutionnelles ou plébiscitaires et Républiques légales,) les chefs qui sont les représentants légitimes de la volonté générale ne séparent jamais leur intérêt particulier de celui de la patrie, celui-là étant sans cesse subordonné à celui-ci.

Ce qui résulte de ce fait c'est qu'on peut être tout dévoué à ces chefs et rester en même temps un citoyen tout dévoué à la patrie. C'est-à-dire que le dévouement aux chefs d'un régime de principe se concilie très-bien avec le dévouement à la patrie puisque ces deux dévouements sont identiques.

Comme le Prince impérial a déclaré se soumettre avec respect au jugement du pays et que la logique de cette soumission c'est la constitution d'un régime de principe, il peut grouper autour lui tous les vrais patriotes et les hommes de bonne volonté qui veulent bien servir la volonté nationale, mais non se soumettre à un gouvernement de faction. C'est-à-dire que, dès aujourd'hui, le Prince impérial peut avoir pour adhérents des français pris dans toutes les opinions, surtout parmi ceux qui sont à la fois et bons patriotes et vrais républicains, car, qu'est-ce que le régime de l'appel au peuple *a priori*, sinon le principe générateur de toutes les institutions patriotiques et républicaines ?

*Deuxième conséquence dynastique.* — Dans les gouvernements d'exception (Monarchies absolues ou faussement constitutionnelles, Empires césariens ou Républiques arbitraires), les factions qui s'y disputent la suprématie et qui parviennent au pouvoir suprême contre la volonté générale n'y arrivent qu'en s'alliant à des complices et en usant de violence de sorte que, le jour du triomphe, les triomphateurs sont mis dans la nécessité de combattre leurs ennemis au risque de les détruire et de partager le butin gouvernemental au risque d'appauvrir l'Etat.

Dans les gouvernements de principe, au contraire, (Monarchies vraiment constitutionnelles ou plébiscitaires et Républiques légales), les chefs qui aspirent au pouvoir suprême n'y arrivent que si la volonté générale l'a bien voulu, de sorte que, le jour du triomphe, ils n'ont ni ennemis à combattre ni amis à récompenser.

Comme le Prince impérial a déclaré n'accepter le pouvoir suprême que de la volonté nationale, ce qui est le propre des régimes de principe, et que, d'un autre côté, il ne peut pas exercer de pression sur les électeurs pour gagner leurs voix puisqu'il est en exil et désarmé, il ne sera pas dans la nécessité, quand il arrivera au pouvoir, de recourir à la violence pour se faire accepter, car les éléments hostiles seront tenus en échec par la seule force du principe plébiscitaire.

Par la même raison, il n'aura pas besoin de *gaspiller* les honneurs et les richesses de la France pour récompenser ceux qui l'auront aidé à prendre le pouvoir, puisqu'il l'aura reçu des masses populaires librement consultées.

C'est-à-dire que le Prince impérial n'aura ni ennemis à punir, ni complices à récompenser, de sorte qu'il ne sera pas forcé d'inaugurer le règne de la volonté nationale par une dictature quelconque ni par une curée des honneurs et des emplois salariés.

*Troisième conséquence dynastique.* — Dans les gouvernements d'exception (Monarchies absolues ou faussement constitutionnelles, Empires césariens et Républiques arbitraires), les chefs suprêmes qui dominent la volonté générale et la gouvernement n'ont pas absolument besoin de s'inquiéter d'être populaires et d'avoir l'affection de la nation puisqu'ils existent contre elle et qu'ils peuvent subsister sans elle.

Dans les gouvernements de principe, au contraire, (Monarchies vraiment constitutionnelles ou plébiscitaires et Républiques légales), les chefs suprêmes, s'ils sont héréditaires, doivent être aimés des masses parce que c'est par elles qu'ils sont ce qu'ils sont.

Comme le Prince impérial accepte le principe de l'appel au peuple il accepte donc de n'exister au pouvoir que si le peuple le veut.

La conséquence de cette acceptation, c'est l'obligation pour le Prince impérial de soigner sans cesse sa popularité, car s'il était haï des masses il serait infailliblement renversé.

Enfin la logique de l'appel se résume en deux mots : Le Prince impérial sera le serviteur de la volonté nationale ou il périra.

Ce principe d'instabilité gouvernementale, qui paraît être la logique de l'appel au peuple, constitue précisément le grand reproche que les royalistes font au régime plébiscitaire, car avec ce régime, disent-ils, rien de définitif n'est possible.

Mon Dieu, si nos royalistes entendent le définitif comme on le comprend à Téhéran ou au Dahomey, ils ont parfaitement raison. Mais si, au contraire, le définitif doit être entendu comme on l'entend chez les nations libres, à savoir que les princes sont faits pour les peuples et qu'une nation libre ne conserve son prince que s'il mérite de l'être, ces messieurs nos royalistes ont parfaitement tort.

Pour nous autres, plébiscitaires, il ne s'agit pas de faire du définitif, c'est-à-dire de faire de l'éternel et d'entrer ainsi en compétition avec la divinité qui seule peut en faire; mais bien de faire du légal, du populaire et du patriotique tout à la fois. Et c'est ainsi que nous obtiendrons le seul définitif qu'un peuple libre puisse admettre avec raison car, pour ne citer qu'un exemple, la dynastie qui se perpétue en Angleterre serait bientôt renversée s'il lui prenait fantaisie de se rendre impopulaire en violentant la volonté nationale de la Grande-Bretagne.

En résumé, la logique du Prince impérial ce sera d'être toujours populaire et par conséquent d'être toujours un chef impartial et juste. Ce qui est à considérer.

*Quatrième conséquence dynastique.* — La quatrième conséquence dynastique, c'est l'obligation pour le Prince impérial de séparer nettement sa cause de celle des factions, mais surtout de la faction des autoritaires, car toute prédomination d'une faction est une contradiction au régime de l'appel au peuple.

Dans les gouvernements d'exception (Monarchies absolues ou faussement constitutionnelles, Empires césariens ou Républiques arbitraires), la volonté particulière qui s'impose à la volonté générale et qui la gouverne est conduite par la force des choses à s'appuyer sur une faction et à recevoir des secours du parti le plus fort et parfois le plus violent, car un gouvernement d'exception ne pourrait pas subsister sans cela puisqu'il n'a pas pour lui le libre consentement des éléments civiques.

Dans un gouvernement de principe, au contraire, (Monarchies vraiment constitutionnelles ou plébiscitaires et Républiques légales), les chefs qui gouvernent s'inspirent sans cesse de la volonté générale dont ils dépendent et dont ils sont une émanation, de sorte qu'ils n'ont pas besoin de s'appuyer sur une faction plus ou moins violente et autoritaire puisqu'ils tirent leur force du libre consentement de la nation. D'ailleurs ces chefs seraient illogiques s'ils cherchaient dans l'appui d'une faction l'autorité que la volonté générale leur accorde librement.

Comme le Prince accepte le régime de l'appel au peuple et le gouvernement de principe qui en découle nécessairement, ce sera une obligation pour lui, s'il veut être logique et conséquent, d'abandonner radicalement la tradition autoritaire des Napoléon.

Je m'explique :

Napoléon I<sup>er</sup> a bien consulté le peuple pour se faire proclamer Empereur, mais aussitôt qu'il fut élu, cet homme extraordinaire ne tint plus aucun compte de la volonté nationale directement exprimée.

Il est vrai que Napoléon I<sup>er</sup> croyait de son devoir de continuer l'absolutisme gouvernemental tel que Louis XIV l'avait institué.

Il est vrai aussi que l'état de guerre, qui était l'état normal de ce temps-là, justifiait le règne autoritaire de Napoléon I<sup>er</sup>.

Mais enfin je constate que le plébiscite de 1804 n'eut pas les conséquences logiques et rationnelles qu'on pouvait en attendre.

De son côté, l'Empereur Napoléon III ne se crut pas obligé, une fois élu par le peuple, de baser toute sa politique sur la volonté populaire, nettement exprimée, de sorte qu'il s'est mis en contradiction avec son principe d'institution.

En un mot, l'empereur Napoléon III, qui aurait dû exiger de son gouvernement une soumission incessante à la volonté générale et se dégager résolument des étreintes des factions, parce qu'il ne pouvait être logique qu'à cette condition, commit la faute grave de se livrer au parti des autoritaires qui conduisirent la nation *tambour-battant*, comme si ce n'était pas elle qui était la maitresse, et comme si eux n'étaient pas ses serviteurs.

Que des régimes de faction méconnaissent la volonté nationale, cela se comprend, puisqu'ils existent contre elle et malgré elle; mais qu'un gouvernement, qui a pour lui la volonté nationale, aille ensuite traiter cette volonté comme une puissance vaincue ! En vérité, quelle faute, quelle faute ?

Il est vrai que cette mauvaise manière de comprendre le bon gouvernement était encore de mode en ce temps-là.

Il est vrai que nos prétendus conservateurs, qui s'entendent mieux à conserver les abus dont ils vivent, que les lois populaires dont ils pourraient souffrir, tremblaient devant le fameux spectre rouge, de sorte qu'ils exigeaient le maintien d'une dictature contradictoire qui servait bien mieux l'intérêt des factions que l'intérêt général.

Il est vrai aussi qu'une stupide *rengaine* avait alors un grand crédit en France et s'imposait aux meilleurs esprits, à savoir : *qu'il faut une main de fer pour gouverner les Français !* comme si les Français (abstraction faite des abrutis des grandes villes) n'étaient pas les hommes les moins changeants et les plus routiniers de l'Europe.

Quoi qu'il en soit, un régime de faction était une contradiction manifeste au principe d'institution du deuxième Empire, de sorte que celui-ci ne pouvait que perdre toute sa popularité et il la perdait en effet, car avec le peuple il faut de la logique. Mais l'Empereur, qui eut enfin le sentiment de sa fausse situation, crut devoir faire une évolution dans le sens de l'idée plébiscitaire et de l'appel au peuple. Ce n'était, après tout, qu'un retour logique vers son principe d'élévation, et ce mouvement, pour être tardif, n'en fut pas moins des plus heureux.

Eh bien, c'est sur ce terrain nouveau que le Prince impérial doit se maintenir, s'il veut rester dans l'esprit de sa déclaration du 16 mars 1874.

D'où il suit que le Prince impérial devra observer une extrême réserve vis-à-vis des autoritaires, parce que leur prédomination dans un gouvernement plébiscitaire serait des moins rationnelles et des plus désastreuses, d'autant plus que chez eux l'enthousiasme démocratique n'existe que dans les mots et non dans les actes.

Une remarque qu'on peut faire ici, c'est que les autoritaires (tous grands admirateurs du régime de 1852) ne cessent de blâmer l'évolution de 1870; mais ils auront beau faire et beau dire, ils n'empêcheront pas que les malheurs, dont le deuxième Empire a été frappé, ne soient attribués en bonne raison au régime contradictoire de 1852 et non à l'évolution logique de 1870, car cette évolution n'était ni assez complète ni assez ancienne pour avoir été la cause de nos désastres de 1870.

Non-seulement cette évolution ne fit pas de mal à l'Empereur; mais elle lui fit un bien considérable, car elle lui a donné l'occasion d'être vis-à-vis des Français, ce que l'empereur François-Joseph a été vis-à-vis des Hongrois: c'est-à-dire un grand esprit qui sait reconnaître ses erreurs avec franchise, et qui, éloignant de lui toute espèce de rancune, renverse résolument les idoles favorites de sa maison.

Je crois que tout observateur impartial, quelle que soit d'ailleurs son opinion politique, ne peut s'empêcher d'admirer cette manière si loyale, avec laquelle l'empereur Napoléon III a reconnu que la constitution de 1852, qui était sa conception favorite, était une mauvaise conception.

Enfin, on ne doit pas moins admirer cette façon toute débonnaire de se laisser injurier et salir par un ramassis d'idiots et de byzantins qui étaient aussi méprisables les uns que les autres.

Il faut bien convenir qu'un Prince qui souffre toutes ces humiliations, quand il est encore le plus fort, doit posséder une dose de sagesse peu commune.

Je ne saurais donc trop le répéter : L'évolution du 8 mai 1870 a fait le plus grand honneur à l'empereur Napoléon. Malheureusement, il n'eut pas, comme l'empereur d'Autriche, le bonheur de rencontrer sur sa nouvelle route, un Deack ni un de Beust.

Napoléon III, avec cette bonté qui lui était propre, se crut obligé de confier la formation du cabinet du 2 janvier 1870 au député qui s'était fait le champion de l'Empire libéral. Eh bien ! on débutait ainsi par une grande faute. Ce qui est facile à expliquer :

C'est une règle fondamentale qu'un prince libéral et constitutionnel ne doit accepter que les combinaisons gouvernementales qui ont pour objet la conciliation des opinions et la satisfaction de la volonté générale, de sorte que l'Empereur constitutionnel devait chercher avant tout des hommes capables d'apaiser les partis, surtout le parti républicain qui était alors le plus puissant et le plus populaire. Mais, en confiant la présidence du conseil à un homme politique qui était considéré comme un transfuge de ce parti, on en augmentait l'irritation et l'irréconciliabilité, de sorte que l'Empereur allait à l'encontre du but qu'il devait atteindre.

Mais en admettant que Napoléon III ait eu raison d'agir ainsi, c'était un grand tort de la part du député dont il est question de n'avoir pas su comprendre le vrai de sa situation : se sachant discuté et même haï, il aurait dû se désintéresser du pouvoir et ne pas entrer dans le ministère du 2 janvier qui était avant tout un ministère de conciliation.

Une pareille réserve de sa part eût été d'autant plus convenable que son rôle logique était tout tracé : Il devait être le Deack de la France et rester lui-même en toute circonstance. Mais hélas ! malgré leurs bonnes intentions, les princes n'ont pas toujours la bonne fortune de rencontrer sur leur chemin nouveau deux ou trois de ces bons génies qui savent servir leur pays avec autant de noblesse que de grandeur ; tant il est vrai que, selon la sage réflexion de Montesquieu : « le difficile n'est pas de faire le bien, mais de le *bien faire*. »

Pour en revenir à nos autoritaires, je dois dire que ce qu'il y a surtout de dangereux en eux, c'est que, ne voulant pas voir cet admirable spectacle offert par l'Autriche-Hongrie où les réformes de toutes sortes s'accomplissent par des voies libérales, ils s'acharnent à ne concevoir de réformes, que celles qu'on réalise à grands coups de haches et de marteaux comme si les Français étaient si idiots et si dépourvus de sagesse qu'on ne puisse pas obtenir d'eux ni un noble sentiment ni l'idée d'un grand dessein !

En résumé, étant donnée sa déclaration du 16 mars, le Prince impérial a à choisir entre ces deux voies opposées :

Ou bien il perpétuera la tradition autoritaire de 1804, et dans ce cas il faussera le principe plébiscitaire qui fait toute sa force ;

Ou bien il s'appuiera sans cesse sur la volonté générale, et dans ce cas il restera dans la vérité de son principe.

Ou bien il se livrera à la faction des autoritaires ou à toute autre faction, et, dans ce cas, il sera en contradiction avec lui-même.

Ou bien il s'affranchira du joug de toutes les factions (Les autoritaires compris), et dans ce cas il aura une conduite logique.

Eh bien, je le demande, est-il possible que, ayant bien commencé, le Prince impérial aille si mal finir ?

Poser une pareille question, c'est la résoudre dans le sens de la négative.

*Cinquième conséquence dynastique.* — Dans les gouvernements d'exception (Monarchies absolues ou faussement constitutionnelles, Empires césariens ou Républiques arbitraires) la volonté particulière et égoïste qui gouverne contre la volonté générale subsiste tant qu'elle est la plus forte; mais comme les nombreuses fautes qu'elle commet nécessairement (qui n'en commet pas ? !) sont ses fautes propres et non celles de la volonté générale, puisque celle-ci n'est rien dans le gouvernement, il s'ensuit que cette volonté particulière qui est seule responsable des fautes commises est infailliblement renversée.

Dans les gouvernements de principe, au contraire, (Monarchies vraiment constitutionnelles ou plébiscitaires et Républiques légales) c'est la volonté générale elle-même qui règne et gouverne de sorte que, s'il y a des fautes commises, elle n'a aucune raison de s'en prendre au chef de l'Etat et de le renverser, puisque ce n'est pas lui qui est le coupable. D'où il suit que ce chef peut se perpétuer indéfiniment au pouvoir, puisqu'on n'a rien à lui reprocher en propre. C'est comme cela qu'on s'explique la perpétuation de la dynastie anglaise.

Comme le Prince impérial a surbordonné son arrivée au pouvoir à un nouveau jugement du peuple, il abandonne ainsi toutes ses prétentions à l'hérédité dynastique et se montre sous les dehors d'un pouvoir qui ne doit pas se perpétuer.

Mais si on veut bien faire attention que, pour rester populaire, le Prince impérial sera obligé de gouverner avec une extrême sagesse en réglant sans cesse sa volonté particulière sur la volonté générale de la nation, on n'a pas de peine à comprendre qu'il aura plus qu'aucun autre prince les chances de se perpétuer au pouvoir et de fortifier dans sa famille le droit héréditaire.

Cette conséquence est des plus naturelles, surtout si on veut considérer que les peuples en général, même les mauvais, conservent plus de dynasties qui mériteraient de tomber qu'ils ne renversent de dynasties qui mériteraient d'être conservées, de sorte qu'il n'y a pas de raison de croire que la nation française renversera une dynastie qui saura se mettre sans cesse d'accord avec la volonté générale.

On croit assez volontiers que, si le peuple français dans son vaste ensemble était laissé libre de ses actions dans la vie publique, il renverserait son gouvernement à tout propos; mais il n'en est rien, car, ainsi que l'a très-bien dit de Mably : « La nature y a mis bon » ordre : Fiez-vous, dit-il, à l'empire absolu que l'habitude exerce sur » les hommes. . . . . . . . . . . . . . . . . . . . . . . . » Une nation s'accommode souvent d'un gouvernement bizarre et vi- » cieux dont les ressorts la contrarient, comment penserait-elle à » changer un gouvernement qui ne la rend pas malheureuse (1)? »

Ainsi le principe de l'appel au peuple qui semble exposer la dynastie napoléonienne à une ruine certaine aura au contraire pour effet naturel de la perpétuer au pouvoir, tandis qu'une autre dynastie qui repousserait le jugement du peuple sous le fallacieux prétexte de faire du définitif tomberait infailliblement du pouvoir. Pourquoi cela? parce que, selon la maxime du livre saint : *Qui veut sauver sa vie la perd.* »

*Sixième conséquence dynastique.* — La sixième conséquence dynastique, c'est ce fait que, lors même que le Prince impérial viendrait à mourir avant d'être appelé au pouvoir ou n'y serait pas appelé par la volonté nationale librement exprimée, il n'en sera pas moins désigné dans nos annales historiques comme l'instituteur *primordial* de notre régime de principe, car ce régime, qui n'est possible que si le gouvernement se soumet « *avec respect au jugement du pays,* » a pour fondateur initial le Prince impérial puisqu'il se trouve être le premier d'entre tous qui ait accepté le principe de la soumission *à priori* et qui ait fait du consentement populaire une condition essentielle de son arrivée au pouvoir.

---

(1) *Des droits et des devoirs du citoyen,* lettre III<sup>e</sup>.

# Conséquences gouvernementales du régime plébiscitaire en France.

*Première conséquence gouvernementale.* — Dans les gouvernements d'exception (Monarchies absolues ou faussement constitutionnelles, Empires césariens, ou Républiques arbitraires) la volonté qui gouverne est fortement *centralisée* parce que la nature de ces gouvernements c'est de recevoir l'impulsion initiale d'un ou quelques chefs qui sont réunis en un point quelconque du territoire qu'on nomme la capitale.

Dans un gouvernement de principe, au contraire, (Monarchies vraiment constitutionnelles ou plébiscitaires et Républiques légales) la volonté gouvernementale est nécessairement *décentralisée*, parce que la nature de ces gouvernements c'est de recevoir l'impulsion initiale de la volonté générale qui est répandue par tout le territoire.

Comme le Prince impérial accepte en principe l'appel au peuple et le règne de la volonté générale qui en découle il sera conduit par la logique de son principe à décentraliser la volonté gouvernementale base de toutes les décentralisations.

Cette question de la décentralisation me conduit à faire la proposition que voici :

Si on considère que la volonté gouvernementale *décentralisée* n'est pas facile à connaître et que d'un autre côté nos mœurs ne se prêtent pas au régime des *meetings*, comme ceux que les Anglais organisent pour affirmer la volonté générale et qui leur tiennent lieu de plébiscites, si besoin est, il faudra que nous ayons forcément recours à un procédé d'informations approprié à notre génie présent. Comme par exemple, l'institution d'un comice politique dans chaque canton.

Ce comice politique formé des hommes les plus honorables du pays et organisé sous la forme d'un *tribunal-enquêteur,* aurait pour mission de recueillir à certains jours donnés les avis ouverts ou les votes des citoyens du canton au sujet des lois anciennes à réformer et des lois nouvelles à introduire dans nos codes.

C'est encore par le moyen de ces comices qu'on pressentirait les populations au sujet des hommes publics à nommer et de la direction générale à imprimer à l'Etat. De plus on recevrait par cette voie les indications les plus précises au sujet des impôts à créer ou à réformer et des abus à détruire dans les dépenses budgétaires.

Pour la bonne pratique de ces comices, on pourrait noter la valeur sociale du préopinant et mentionner le nombre des voix pour ou contre un projet. Après quoi le comice formulerait des conclusions qui seraient rendues publiques pour qu'on puisse en appeler au besoin et les contrôler.

Cette institution nouvelle est le corollaire obligé du régime plébiscitaire et j'en demande l'organisation pour plusieurs raisons, notamment pour les trois raisons que voici :

La première raison c'est la nécessité absolue de donner au régime de l'appel au peuple des soupapes de sûreté, afin d'empêcher les explosions populaires qui pourraient avoir lieu sans cela et qui sont toujours un danger pour un gouvernement libre et sans cesse agité comme l'est de sa nature un gouvernement vraiment plébiscitaire.

En un mot le régime de la volonté nationale directement exprimée a besoin d'un correctif, et nous le trouverons dans des assemblées cantonales auxquelles on laisserait une très-grande liberté d'allures.

La seconde raison c'est la nécessité de mettre à la portée de nos masses populaires devenues souveraines des foyers de lumière gouvernementale et de multiplier les centres *réguliers* de délibération politique, afin que le peuple puisse élucider toutes les questions à résoudre soit par voie de plébiscites soit par le moyen des assemblées parlementaires.

Dans les gouvernements d'exception le chef qui dirige souverainement le gouvernement tient rarement compte de la volonté des masses populaires, de sorte qu'il lui importe peu que ces masses soient éclairées sur les questions politiques, puisqu'elles n'ont pas mission de les résoudre. Mais il n'en est pas de même dans une société où la souveraineté populaire est la base du gouvernement, car le peuple qui est alors appelé à délibérer sur les questions politiques doit naturellement les connaître, ce qui implique la nécessité d'un examen préalable.

Mais pour que cet examen soit sérieux et effectif, il faut le réglementer et lui trouver une méthode. Eh bien, c'est dans ce but que je propose l'institution des comices politiques qui auront pour mission de faire un appel régulier à toutes les opinions et de recueillir tous les renseignements ou publications qui auraient trait à la réforme de nos institutions ainsi qu'à la réorganisation de notre ordre social.

Des précautions de ce genre sont indispensables si on veut arriver au bien public par les voies populaires et obtenir ainsi une bonne législation car, comme le dit J. J. Rousseau : « De lui-même le peuple veut toujours le bien ; mais de lui-même il ne le voit pas tou-

» jours. La volonté générale est toujours droite; mais le jugement
» qui la guide n'est pas toujours éclairé (1). »

La troisième raison qui me fait demander des comices de canton
c'est la nécessité absolue pour un gouvernement plébiscitaire d'ai-
guillonner la volonté générale et de ne jamais faire abus de l'obéissance populaire, car c'est en évitant cet abus qu'on arrivera à mettre
fin aux maux que nos gouvernements ont toujours causés en faisant
de l'arbitraire et en prenant le silence du peuple pour une approba-
tion tacite et une sorte d'encouragement.

Mably qui cherchait la raison des malheurs publics de son temps
la voyait dans le penchant du gouvernement à faire de l'arbitraire :
« Nos maux, dit-il, ne viennent pas de l'indocilité des sujets mais
» de l'abus que le gouvernement fait de leur obéissance. Voilà le siége
» de notre maladie; c'est là qu'il faut appliquer un remède (2). »

Eh bien ! ce qui était déjà le mal au temps de Mably l'est encore
de nos jours et c'est pour y remédier que je propose l'institution des
comices politiques.

Mais, me dira-t-on, avec ces comices ce sont les masses populaires
qui tiendront dans leurs mains les destinées de la France. Et ces
masses sont si aveugles, si ignorantes ! et *patati et patata.*

Je répondrai à cela que, s'il est vrai que les masses soient aveugles
et ignorantes dans les gouvernements d'exception où les chefs ont
l'habitude de mener le peuple comme un troupeau de bêtes, il n'en
est pas de même des populations qui sont l'âme d'un gouvernement
de principe, car la conscience qu'elles ont de la lourde responsabilité
qui leur incombe comme puissance directrice les porte tout naturellement à bien mûrir les résolutions à prendre, à bien s'instruire des
choses politiques et à se montrer d'une modération vraiment remar-
quable.

Viendra-t-on m'objecter que les Français ne sont pas encore pré-
parés à cette vie-là et qu'étant susceptibles de se tromper gravement
ils peuvent compromettre les intérêts du pays.

Eh! mon Dieu ! est-ce que ceux qui depuis deux cents ans se mettent dans la tête de gouverner la France à leur façon et sans le peuple
ne se sont pas trompés et n'ont pas compromis souvent les intérêts
de la nation.

D'ailleurs, comme l'a fort bien dit Vauvenargues : « Il faut permet-

(1) *Du contrat social,* livre II, § 6.
(2) *Des droits et des devoirs du citoyen,* lettre v<sup>e</sup>

» tre aux hommes de faire de grandes fautes contre eux-mêmes
» pour éviter un plus grand mal : *la servitude.* »

En résumé, la première conséquence gouvernementale de la déclaration de Chislehurst, ce n'est pas que le Prince impérial s'applique à être tout-à-fait bon, ce qui serait dangereux pour lui car, comme le dit Machiavel : « Il faut qu'un homme qui veut faire profession
» d'être tout-à-fait bon au milieu de tant d'autres qui ne le sont pas
» périsse tôt ou tard. »

Ce n'est pas non plus qu'il s'applique à gouverner *par lui-même* comme le font les chefs d'Etat dans les gouvernements d'exception ;

Mais bien à être attentif à ce que son gouvernement s'inspire *sans cesse* de la volonté générale *répandue sur tout le territoire* et que ce soit cette volonté générale qui dirige le pouvoir public par le secours des comices politiques.

Ce résultat acquis, nous obtiendrons enfin cette décentralisation tant désirée et sans laquelle il ne peut pas y avoir pour la France de liberté intérieure ni d'indépendance nationale car, avec un gouvernement centralisé comme l'est le nôtre, il suffit que des ambitieux, sinon un conquérant, triomphent de la tourbe césarienne, ou de l'autorité bureaucratique concentrée au siége du gouvernement, pour tenir toute la nation sous le joug.

*Deuxième conséquence gouvernementale.* — Dans les gouvernements d'exception (Monarchies absolues ou faussement constitutionnelles, Empires césariens ou Républiques arbitraires), le chef suprême, sinon le parti qui est au pouvoir et qui gouverne contre la volonté générale, dispose tout naturellement de la force matérielle et de l'armée, puisque c'est par elles qu'il se maintient ; mais il ne dispose d'aucune *force morale*, parce que cette force implique de la part des populations un consentement libre et un concours volontaire que les gouvernements d'exception ne reçoivent pas, sans quoi ils seraient des gouvernements de principe.

Dans les gouvernements de principe, au contraire (Monarchies vraiment constitutionnelles ou plébiscitaires et Républiques légales), les chefs qui disposent d'abord de la force matérielle possèdent en outre une force *d'ordre moral*, qu'ils tiennent de la bonne volonté des éléments civiques et dont ils ne pourraient guère se passer, puisque le régime de principe ne peut pas subsister sans elle.

Comme le Prince impérial ne sera appelé au pouvoir que par le libre consentement des citoyens et qu'il sera ainsi conduit à constituer un gouvernement de principe (grâce aux comices politiques), il aura nécessairement la force morale que les régimes de principe portent en eux.

Cette conséquence se conçoit aisément, car du moment que le peuple français n'aura plus à redouter d'être la dupe de ceux qui gouvernent, puisqu'ils ne gouverneront pas sans lui, les inquiétudes sociales cesseront, la paix se fera dans les cœurs, la confiance naîtra dans les masses populaires et ainsi nous obtiendrons cet *ordre moral* tant désiré.

*Troisième conséquence gouvernementale.* — La troisième conséquence c'est l'obligation pour le Prince impérial d'avoir un gouvernement essentiellement ouvert.

Dans les gouvernements d'exception (Monarchies absolues ou faussement constitutionnelles, Empires césariens ou Républiques arbitraires), les institutions sont forcément *fermées;* c'est-à-dire non accessibles à tous, parce que dans ces sortes de gouvernements le chef suprême ou le parti qui règne envers et contre la volonté générale, ne peut vraiment pas se confier à d'autres qu'à ses amis ou à ses complices, sinon à des agents favoris qui ont sa confiance.

Dans les gouvernements de principe, au contraire (Monarchies vraiment constitutionnelles ou plébiscitaires et Républiques légales), les institutions sont forcément *ouvertes*, parce que l'autorité suprême, qui n'a pas de vues particulières ni d'aspirations égoïstes, confie tout naturellement la puissance publique (centrale ou locale) aux hommes que la volonté générale désigne comme étant les plus dignes, car c'est elle en fin de compte qui est la dispensatrice des emplois ainsi que des grades et des dignités.

Comme le Prince impérial veut que ce soit la volonté générale qui l'appelle au pouvoir et que conséquemment c'est cette volonté qui sera la puissance inspiratrice du gouvernement impérial, celui-ci devra être un gouvernement *ouvert*, et c'est en cela que le régime impérial se distinguera le plus manifestement de nos royautés ou républiques qui seront toujours, quoi qu'on fasse, des gouvernements *fermés* parce qu'elles s'imposent à la volonté générale.

*Quatrième conséquence gouvernementale.* — La quatrième conséquence c'est la possibilité pour le Prince impérial de former son gouvernement avec les citoyens les plus éminents du pays.

Dans les gouvernements d'exception (Monarchies absolues ou faussement constitutionnelles, Empires césariens ou Républiques arbitraires), le chef suprême demeure responsable de la direction imprimée à la nation, de sorte qu'il est conduit par la force des choses à se réserver les désignations aux hautes fonctions publiques. Mais, comme il n'a que ses deux yeux pour faire ses choix, il lui arrive le *plus souvent* de n'appeler au pouvoir que des médiocrités besoigneuses qui s'imposent à son attention ou qui lui sont imposées par les nécessités de sa situation *d'exception*.

Dans les gouvernements de principe (Monarchies vraiment constitutionnelles ou plébiscitaires et Républiques légales), c'est la volonté générale qui est la directrice souveraine, de sorte que c'est elle, et non le Prince, qui fait le choix parce que c'est elle qui est responsable des affaires publiques.

Ce qui résulte de ce fait c'est que les choix sont généralement bons, car les populations souveraines, qui sont alors directement intéressées à ce que le gouvernement soit en de bonnes mains, peuvent mieux qu'un seul homme trouver les fonctionnaires les plus habiles et les magistrats les plus dignes.

La raison de ces bons choix c'est que, comme le dit Montesquieu :
« Le peuple est admirable pour choisir ceux à qui il doit confier
» quelque partie de son autorité.

. . . . . . . . . . . . . . . . . . . . . . . . . .

» Si on pouvait douter, dit il, de la la capacité naturelle qu'a le
» peuple pour discerner le mérite, il n'y aurait qu'à jeter les yeux
» sur cette suite continuelle de choix étonnants que firent les Athé-
» niens et les Romains : ce qu'on n'attribuera pas sans doute au
» hasard (1). »

J.-J. Rousseau, qui pense comme Montesquieu, fait observer à son tour que : « Un défaut essentiel et inévitable qui mettra toujours
» le gouvernement monarchique au-dessous du républicain, est que
» dans celui-ci la voix publique n'élève presque jamais aux premiè-
» res places que des hommes éclairés et capables, qui les remplis-
» sent avec honneur ; au lieu que ceux qui parviennent dans les
» monarchies ne sont le plus souvent que de petits brouillons, de
» petits fripons, de petits intrigants à qui les petits talents qui font
» dans les cours parvenir aux grandes places, ne servent qu'à mon-
» trer au public leur ineptie aussitôt qu'ils y sont parvenus (2). »

---

(1) *Esprit des lois*, livre II, chap. ii.

(2) *Du contrat social*, livre III § 6. Pour éviter tout malentendu en ce qui touche la distinction que J. J. Rousseau vient d'établir entre la monarchie et la république il faut d'abord se rappeler qu'il a dit que *la monarchie elle-même est république*, quand c'est la volonté générale qui fait la loi. Donc il a voulu parler ici de la monarchie absolue dans laquelle la volonté générale subit la loi au lieu de la faire. En second lieu il faut considérer que de son temps il n'y avait pas de ces républiques arbitraires et purement nominales comme celles

Comme le Prince impérial subordonne sa volonté particulière à la volonté générale, et que la logique de cette subordination c'est la constitution d'un régime de principe, il en résulte que, sous ses auspices, les choix d'hommes publics seront généralement bons, parce qu'ils seront faits par l'opinion publique, tant il est vrai que celui qui a plus d'esprit qu'un seul c'est *tout-le-monde*.

Toutefois je dois faire une exception pour les premiers temps du régime plébiscitaire qui seront nécessairement des temps de petitesse et d'hésitation en ce qui touche les choix parce que, au début de ce système, l'opinion publique n'aura malheureusement à sa disposition que des hommes du passé dont la conduite antérieure est très-discutable et qui emploieront pour se disculper un temps précieux que des hommes nouveaux consacreraient au bien de l'État.

En un mot, il faudra subir encore un certain temps l'influence de bien des médiocrités « *méconnues* » ; mais cela n'aura qu'un temps, car il est dans la nature des régimes de principe de repousser impitoyablement tous les faiseurs vulgaires et de n'élever au pouvoir que les hommes publics, vraiment supérieurs dans tous les genres.

Cette conséquence est des plus naturelles car, de même qu'il n'y a que les gros navires et les vaisseaux de haut bord qui puissent surnager en plein océan et tenir fièrement la mer quand celle-ci est en courroux, de même il n'y a que les grands esprits qui puissent tenir tête à un peuple libre quand il est agité par la passion des grandes choses et le désir des grandes résolutions.

Ce qui précède m'inspire la réflexion que voici :

Il y a en France pas mal de petites gens qui crient : « *Vive la République* », parce qu'ils voient dans l'avénement de celle-ci la chance d'être quelque chose. Mais hélas ! si la République devenait jamais une réalité parmi nous, ces tristes personnalités seraient impitoyablement refoulées dans les bas-fonds démagogiques d'où elles essaient de se dégager car, si la volonté populaire accepte volontiers l'homme de génie de partout où il vienne, elle repousse ce système déplorable qui consiste à livrer le trésor de l'État et la puissance publique à des incapables et à d'indignes charlatans.

On peut me faire ici deux objections auxquelles je vais essayer de répondre :

---

qu'on a vues depuis en Europe et sur le continent américain. Donc il a voulu parler de la république qui est réelle et que nous appelons : *légale* pour la distinguer de celle qui est arbitraire.

D'abord on peut me dire que ce n'est pas le privilége exclusif des régimes de principe de faire de bons choix d'hommes publics, car on a vu des monarques absolus et des dictateurs ou chefs de faction se faire seconder au gouvernement par des hommes très-remarquables?

Je ne nie pas ce fait; mais ce ne sont là que des exceptions, tandis que dans un régime selon la volonté générale les bons choix sont de règle.

En second lieu on peut me demander comment je puis penser à confier le choix des hommes publics et des magistrats aux populations, quand on a devant les yeux d'aussi mauvaises élections que celles qui se sont faites dans ces dernières années ?

Je répondrai à cela qu'on ne peut pas confondre un régime d'ordre comme peut l'être un régime basé sur la volonté générale avec un régime d'exception comme l'ont été tous les gouvernements français depuis Louis XIV jusqu'à nos jours.

On reproche à nos électeurs de faire en ce moment de bien mauvais choix ; mais n'a-t-on pas l'explication rationnelle de ce fait exceptionnel ?

Pourquoi donc les électeurs se montreraient-ils raisonnables, puisque les hommes d'élite qui devraient leur donner l'exemple de la raison politique sont ceux-là mêmes qui en sont le plus dépourvus !

Il n'y a pas à dire non, nous sommes là en présence d'un enchainement fatal de conséquences, car, comme le dit très-bien Vauvenargues : « On n'a plus de raison quand on n'espère plus en trouver » chez les autres. »

Pour nous résumer, redisons bien que, une fois le régime plébiscitaire inauguré, il faudra faire la part du temps pendant lequel l'électeur souverain se montrera inexpérimenté et malheureux dans ses choix, car il en est de la vie libre comme de la natation : De même qu'on ne devient bon nageur qu'en pratiquant, dût-on courir quelques risques : de même c'est en pratiquant le régime des choix libres, dût-on s'exposer à de mauvais choix, que les Français deviendront bons électeurs.

*Cinquième conséquence gouvernementale.* — Dans les gouvernements d'exception (Monarchies absolues ou faussement constitutionnelles, Empires césariens ou Républiques arbitraires) la presque totalité des emplois publics est à la désignation du chef de l'Etat ou de ses délégués, parce que la logique du régime d'exception le veut ainsi. Ce qui en résulte c'est que si les choix sont mauvais, si le gouvernement a mis sa confiance dans des indignes, dans des escrocs, sinon dans des incapables, c'est le chef de l'Etat qui en subit les fâcheuses conséquences et dans ce cas son prestige suprême subit de graves atteintes.

Dans les gouvernements de principe au contraire, (Monarchies vraiment constitutionnelles ou plébiscitaires et Républiques légales) les désignations aux fonctions publiques sont faites le plus souvent par la volonté générale directement consultée, sinon par l'opinion publique clairement exprimée, de sorte que, si les choix sont mauvais, si les ministres et les magistrats, ainsi que les chefs d'armée ou d'escadre, trompent la confiance que la nation avait en eux, s'ils trahissent des faiblesses vulgaires et révèlent des petitesses indignes d'eux, le chef de l'Etat n'en est pas responsable, puisque ce n'est pas lui qui a eu l'initiative des choix; de sorte que, sous ce rapport, il peut conserver intact tout son prestige.

Comme le Prince impérial se subordonne en principe à la volonté générale et que la logique de cette subordination c'est que les hautes fonctions publiques soient à la désignation plus ou moins directe de la nation, il en résultera cette heureuse conséquence que le Prince impérial conservera intact tout son prestige gouvernemental. Ce qui est fort à considérer, car le difficile pour ce Prince ce n'est pas précisément d'arriver au pouvoir mais de s'y perpétuer dignement et de rester populaire.

*Sixième conséquence gouvernementale.* — Dans les gouvernements d'exception (Monarchies absolues ou faussement constitutionnelles, Empires césariens ou Républiques arbitraires) l'absolutisme est la règle et la liberté une contradiction, parce qu'elle est inconciliable avec l'esprit d'égoïsme et d'arbitraires qui caractérise tous les régimes d'exception.

Enfin ces régimes ne peuvent pas souffrir la légalité parce qu'elle les tuerait.

Cela dit, on comprend aisément que, si des hommes qui ont défendu toute leur vie la liberté et le droit entrent dans ces gouvernements, ils sont infailliblement condamnés à se mettre en contradiction avec eux-mêmes et à perdre ainsi l'estime publique (en admettant qu'ils l'eussent acquise), car, ne pouvant pas introduire dans la pratique gouvernementale les idées libérales et *légalitaires* qui leur étaient chères, ils sont forcément obligés de les renier. Ce qui les perd.

Dans les gouvernements de principe (Monarchies vraiment constitutionnelles ou plébiscitaires et Républiques légales) la liberté comme le droit y est la règle, de sorte que, si des libéraux et des *légalitaires* arrivent au pouvoir, ils peuvent y mettre toutes leurs idées en pratique, et comme cela, ils conservent intacte la considération publique dont ils jouissaient et qu'on accorde toujours aux hommes de bien dont la vie publique ou privée ne se dément jamais.

Comme le Prince impérial, avec sa théorie de l'appel au peuple, ne peut pas faire autrement que d'instituer un gouvernement de principe dont la liberté et le droit sont la base essentielle, il en résulte que nos vrais libéraux pourront collaborer au gouvernement impérial sans crainte de perdre la considération publique et de se faire mépriser, puisqu'ils seront, étant au pouvoir, ce qu'ils étaient dans le privé, c'est-à-dire des hommes libres et des défenseurs du droit.

*Septième conséquence gouvernementale.* — La septième conséquence c'est la nécessité de ne plus considérer les dignités et les honneurs comme des récompenses, mais bien comme des obligations nouvelles qu'on crée.

Dans les gouvernements d'exception (Monarchies absolues ou faussement constitutionnelles, Empires césariens ou Républiques arbitraires) c'est un intérêt particulier qui prime l'intérêt général, c'est l'égoïsme de faction qui prévaut sur le désintéressement public, de sorte que, grâce à la force de l'exemple, l'intérêt personnel et l'égoïsme deviennent le mobile d'action de presque tous ceux qui servent l'Etat.

D'où il suit :

1º Que dans tous les gouvernements d'exception les dignités et les honneurs sont regardés plutôt comme la récompense d'anciens services rendus à la faction qui domine que comme l'occasion d'en rendre de plus importants à l'Etat, de sorte que le moins qu'il puisse arriver dans ces sortes de gouvernements, c'est d'y rencontrer des hommes qui peuvent être à la fois : « *couverts d'infamie et de dignités.* »

2º Que la pairie ou la dignité sénatoriale peut y être conférée à de vieux fonctionnaires ou à d'anciens magistrats qui ont vieilli dans les hiérarchies gouvernementales et qui sont dépourvus de cette indépendance de caractère qui est des plus essentielle aux dignitaires d'un peuple libre.

3º Qu'on fera au besoin des chefs d'armée ou d'escadre avec d'anciens serviteurs qu'on veut récompenser, mais qui ne sont plus en état de rendre de nouveaux services à la nation, de sorte que, dans des moments de crise et de danger suprême, on ne peut plus trouver en eux que des hommes qui sont marqués au coin de la *désespérance* et du doute.

Dans les gouvernements de principe, au contraire, (Monarchies vraiment constitutionnelles ou plébiscitaires et Républiques légales) les intérêts privés sont indissolublement liés à l'intérêt public, parce que les volontés particulières sont sans cesse subordonnées à la volonté générale, de sorte que le *désintéressement* est le mobile forcé de presque tous ceux qui servent l'Etat.

D'où il résulte :

1º Que les dignités et les honneurs sont conférés préférablement à ceux qui en sont jugés dignes par les services qu'ils peuvent encore rendre à l'Etat bien plus que par les services déjà rendus, car ce n'est pas une récompense qu'on leur accorde, mais bien une obligation nouvelle qu'on leur impose ;

2º Que la pairie ou la dignité sénatoriale sera donnée à des hommes libres et désintéressés sinon à des citoyens virils et loyaux qui feront de l'indépendance civique l'objet de toutes leurs pensées ;

3º Que les dignités militaires et maritimes seront conférées à des hommes doués encore d'une grande énergie, sinon à des hommes de guerre très-désintéressés et par conséquent très-heureux dans leurs entreprises, parce qu'ils auront cette foi patriotique qui conduit presque toujours à la victoire.

Comme le Prince impérial sera conduit par la logique de l'appel au peuple à instituer un gouvernement de principe qui aura pour base le désintéressement public, il faudra qu'il se plie à cette nécessité de ne conférer les dignités et les honneurs du gouvernement qu'aux citoyens indépendants et aux hommes de génie qui seront jugés les plus capables de rendre de nouveaux services à l'Etat, et d'exclure radicalement tous les salariés égoïstes qui ne cherchent dans les dignités et les honneurs qu'une récompense plus ou moins mal méritée.

*Huitième conséquence gouvernementale.* — La huitième conséquence c'est la possibilité de tenir le pouvoir parlementaire en équilibre.

Dans tous les gouvernements d'exception (Monarchies absolues ou faussement constitutionnelles, Empires césariens ou Républiques arbitraires). les chefs suprêmes sont ainsi faits qu'ils ne peuvent supporter ni critique, ni contrôle, ni partage de la puissance, parce qu'étant partie intéressée, ils ne veulent pas être jugés ; parce qu'étant responsables ils n'aiment pas qu'on aggrave leur responsabilité ; parce qu'étant un pouvoir égoïste, ils ne veulent pas qu'on le diminue ni qu'on l'affaiblisse en le partageant, de sorte que, si les gouvernements d'exception sont tenus d'avoir à leur côté un pouvoir parlementaire quelconque et que celui-ci oublie sa mission fondamentale en *méconnaissant la volonté générale* qui l'a fait être, il s'établit entre le gouvernement et le parlement une lutte incessante qui se résout à ceci :

Ou bien le gouvernement, s'il est le plus fort, absorbera le parlement, de sorte que celui-ci sera asservi ;

Ou bien, le gouvernement, s'il est le plus faible, sera usurpé par le parlement, de sorte que celui-ci concentrera en lui le pouvoir exécutif.

Mais il n'y a pas d'exemple dans l'histoire que, dans un régime d'exception où la volonté générale est méconnue par les deux pouvoirs, ceux-ci aient pu vivre en bonne harmonie et sur un pied de parfaite égalité !

Dans les gouvernements de principe, au contraire (Monarchies vraiment constitutionnelles ou plébiscitaires et Républiques légales) les deux pouvoirs subsistent parfaitement côte à côte et vivent en bonne harmonie parce que la volonté générale, qui est la puissance directrice et le moteur souverain, les met chacun à leur place et les y maintient par la seule force des principes.

Comme le Prince impérial devra subordonner sa volonté particulière à la volonté générale, puisque la théorie de l'appel au peuple le veut ainsi, nous arriverons forcément au résultat que voici :

1° Les assemblées législatives se renfermeront d'elles-mêmes dans leurs limites logiques, parce que l'exécutif les y aura obligées par droit de principe. Et ainsi, nous nous trouverons préservés du despotisme parlementaire qui serait possible sans cela parce que, selon la remarque de Montesquieu : « Si la puissance exécutrice n'a pas » le droit d'arrêter les entreprises du Corps législatif, celui-ci sera » despotique, car, comme il pourra se donner tout le pouvoir qu'il » peut imaginer, il anéantira toutes les autres puissances (1). »

2° Les membres des assemblées législatives perdront cette importance anormale qu'ils pouvaient tirer : soit de leur asservissement au gouvernement dont ils recevaient les faveurs ; soit de leur usurpation gouvernementale, au moyen de laquelle ils devenaient les dispensateurs des dignités et des richesses publiques.

3° Les élections législatives ne seront plus soumises à une pression plus ou moins arbitraire, ni soumises à un protectorat plus ou moins officiel.

Ce qui précède me conduit à faire la remarque que voici :

En Angleterre, le régime de principe a été fondé par la bourgeoisie. En France, il ne peut plus l'être que par les masses populaires.

La raison de cette différence, c'est que chez les Anglais les charges publiques sont supportées plus particulièrement par les classes dirigeantes, tandis qu'en France les mêmes charges sont généralement supportées par les masses populaires.

---

(1) *Esprit des lois*, livre XI, chap. VI.

Enfin, le parlement anglais se montre aux esprits d'outre-Manche comme étant la représentation rigoureuse de la volonté générale, tandis que le parlement français s'est toujours fait considérer comme étant la représentation étroite d'une volonté particulière.

C'est comme cela qu'on s'explique pourquoi le procédé législatif par voie parlementaire, qui a si bien réussi au delà de la Manche, s'acclimate si mal en deçà.

*Neuvième conséquence gouvernementale.* — Dans tous les gouvernements d'exception (Monarchies absolues ou faussement constitutionnelles, Empires césariens ou Républiques arbitraires), les chefs suprêmes ont pour principe d'être une volonté particulière qui exploite la volonté générale, de sorte qu'ils deviennent forcément parties intéressées dans toutes les causes d'ordre public, où ils devraient être des juges seulement, c'est-à-dire qu'ils voient toujours des ennemis personnels dans ceux qui leur demandent réparation pour abus de pouvoir et qui osent actionner l'exécutif pour en obtenir justice.

Ce qui résulte de cette situation, c'est la nécessité pour ces gouvernements d'avoir, autant qu'ils peuvent, des juges à leurs gages ; c'est-à-dire des juges acquis, afin d'en obtenir des services plutôt que des arrêts.

Dans les gouvernements de principe, au contraire, (Monarchies vraiment constitutionnelles ou plébiscitaires et Républiques légales), c'est la volonté générale qui gouverne par elle-même et qui est la directrice souveraine, de sorte que le chef de l'Etat qui n'est pas responsable des fautes commises, ni des abus de pouvoir, ni des préjudices causés à des particuliers par les agents de l'exécutif, n'a pas besoin de tenir la justice sous sa dépendance intéressée, ni d'en faire l'instrument docile de ses passions et de ses convoitises.

Ce qui en résulte pour les citoyens c'est la possibilité :

1° D'avoir une justice impartiale, même dans les causes politiques ;

2° D'avoir une justice gratuite ;

3° D'avoir des pairs pour juger ;

4° D'avoir une justice paternelle ; c'est-à-dire éloignée de cette dureté particulière aux justices payées et subordonnées ;

5° D'avoir une justice loyale et une police ouverte, c'est-à-dire dépourvues de toute procédure inquisitoriale et de toute moucharderie.

Comme le Prince impérial constituera un régime de principe, puisque la logique de l'appel au peuple le veut ainsi, il n'aura pas besoin de plier la justice à ses vues particulières ni de la tenir sous sa dépendance égoïste, de sorte que le pouvoir judiciaire aura toute faculté pour se réformer.

Cette conséquence est une des conditions d'existence pour le gouvernement du Prince impérial car, s'il arrivait que sous son autorité magistrale l'administration de la justice soit mauvaise, les masses populaires qui aspirent plus que jamais au règne de la justice se détacheraient sensiblement du chef suprême qu'elles auraient acclamé et l'abandonneraient à sa triste destinée, tant il est vrai que le difficile pour un prince français ce n'est pas d'arriver au pouvoir mais de s'y perpétuer.

*Dixième conséquence gouvernementale.* — Dans les gouvernements d'exception (Monarchies absolues, ou faussement constitutionnelles, Empires césariens ou Républiques arbitraires), le chef suprême ou le parti qui est au pouvoir a toujours besoin de la force armée pour s'imposer et se faire obéir, de sorte qu'il est mis dans l'impossibilité absolue de faire de grandes réformes militaires car, s'il demandait à l'armée des sacrifices exceptionnels et des devoirs nouveaux sinon le retour à des obligations qui seraient tombées en désuétude, il la mécontenterait et il ne peut pas la mécontenter.

Il suffit de voir ce qui s'est passé à . . . . . . . . . . . . . . . . . . . . . . . . Rome au temps de sa décadence pour être frappé de la vérité de cette proposition.

Dans les gouvernements de principe, au contraire, (Monarchies vraiment constitutionnelles ou plébiscitaires et Républiques légales) les chefs suprêmes qui tirent leur force de la bonne volonté des éléments civiques et qui ont pour eux le bon droit puisé dans le libre consentement du peuple peuvent parfaitement exiger du monde militaire toutes les vertus que comporte cet état, car, n'ayant pas besoin de l'armée pour subsister, ils peuvent la réformer radicalement sans avoir à se préoccuper si elle sera mécontente ou non.

Comme le Prince impérial s'appuiera sur la volonté nationale et que son principe d'institution l'obligera à être sans cesse d'accord avec l'opinion publique, il aura enfin la possibilité de réformer radicalement l'armée française. Et nous pouvons juger par là combien il est important qu'au point de vue de la défense nationale le régime plébiscitaire soit triomphant parmi nous.

*Onzième conséquence gouvernementale.* — Dans les gouvernements d'exception (Monarchies absolues ou faussement constitutionnelles, Empires césariens ou Républiques arbitraires), les agents gouvernementaux se trouvent être au service d'une volonté particulière dont les intérêts sont contraires, sinon distincts, des intérêts généraux du pays.

Dans les gouvernements de principe, au contraire, (Monarchies vraiment constitutionnelles ou plébiscitaires et Républiques légales), les serviteurs de l'État servent la volonté générale dont ils font partie c'est-à-dire qu'ils se servent eux-mêmes.

Ce qui résulte de cette différence c'est que dans les gouvernements d'exception les services rendus à l'État se vendent tandis que dans les gouvernoments de principe les mêmes services se donnent.

En un mot, dans tout régime de faction les services rendus au gouvernement sont généralement payés tandis qu'ils sont gratuits dans les gouvernements du pays par le pays, car il n'est pas naturel qu'on se donne à soi-même un salaire quelconque.

Comme la logique du Prince impérial le conduira à instituer un gouvernement de principe, c'est-à-dire un gouvernement du pays par le pays, celui-ci sera amené à la longue à substituer partout, et dans la mesure du possible, le régime de la gratuité des emplois publics au régime des foncti ns salariées.

On pourra bien faire une exception en faveur des postes besoigneux qui exigent de ceux qui les occupent un travail continu et absorbant; mais il ne faudra pas en excepter les positions qui procu rent un certain honneur à ceux qui les occupent surtout quand la fonction laisse du loisir au fonctionnaire.

En vérité, quand on pense à toutes ces luttes misérables auxquelles donne lieu la jouissance des emplois publics salariés ; quand on se représente toutes ces curées gouvernementales dont les Français ont eu le triste spectacle depuis Louis XIV, on ne peut que se réjouir d'entrevoir des temps nouveaux où nous n'aurons plus devant les yeux cette grande plaie publique qui attriste les cœurs et qui menacerait l'État d'une mort certaine si on n'y apportait pas le seul remède que le mal comporte et qui se résume dans cette simple formule : « *Tout par le peuple et pour le peuple.* »


*Douzième conséquence gouvernementale.* — La douzième conséquence ce sera la possibilité pour le Prince impérial d'avoir des budgets toujours bien équilibrés et de faire de bonnes finances, car s'il est naturel que dans des régimes d'exception, où les dévouements se paient en bons deniers comptants, les finances de l'État soient toujours mauvaises, il n'en est pas de même dans les gouvernements de principe, comme le sera celui du Prince impérial, parce que la nature de ces régimes c'est d'avoir une bonne politique (les services y étant désintéressés), et qu'avec une bonne politique on fait toujours de bonnes finances.

## Des conséquences sociales du régime plébiscitaire en France.

*Première conséquence sociale.* — La première conséquence sociale ce sera de faire cesser les abstentions systématiques qu'on constate parmi nos bons éléments civiques.

Dans les gouvernements d'exception (Monarchies absolues ou faussement constitutionnelles, Empires césariens ou Républiques arbitraires), la volonté générale est désobéie et méconnue parce qu'elle est subordonnée à des intérèts particuliers de factions, de sorte qu'elle est poussée par la force des choses à s'abstenir de toute participation gouvernementale. Et lors même que cette volonté générale serait consultée dans un cas exceptionnel les bons éléments s'abstiennent encore parce que leur intervention (qui ne serait alors qu'exceptionnelle), ne ferait que mieux ressortir l'état de la subordination dans lequel on les tient.

Dans les gouvernements de principe, au contraire, (Monarchies vraiment constitutionnelles ou plébiscitaires et Républiques légales), l'intérêt particulier se subordonne sans cesse à l'intérêt général, de sorte que celui-ci devient forcément l'intérêt de tous notamment des bons citoyens qui sont alors conduits tout naturellement à participer au gouvernement et à intervenir par leurs bons conseils et leurs sages résolutions. D'ailleurs, tout intérêt général mis à part, cette seule idée que rien de grand ne peut se faire sans la participation des honnêtes gens suffit pour décider ceux-ci à faire une pratique loyale et active de leur droit souverain.

Enfin, dans tout pays où les candidats politiques ne sollicitent le pouvoir que pour en abuser et où les factions ne luttent que pour « *tuer le tyran et conserver la tyrannie* », les bons éléments civiques sont fatalement poussés à l'indifférence des affaires publiques, parce qu'ils voient qu'en fin de compte elles ne sont que les affaires de quelques particuliers.

Mais, dans un pays, au contraire, où les bons éléments civiques sont les maitres de leur destinée, ceux-ci prennent part tout naturellement aux élections et s'intéressent aux affaires publiques parce qu'elles sont les affaires de tous.

« Dans une cité bien conduite, dit J. J. Rousseau, chacun vole » aux assemblées; sous un mauvais gouvernement nul n'aime à

» faire un pas pour s'y rendre ; parce que nul ne prend intérêt à
» ce qui s'y fait ; qu'on prévoit que la *volonté générale n'y dominera*
» *pas* et qu'enfin les soins domestiques absorbent tout (1). »

Comme le Prince impérial devra subordonner sa volonté particulière à la volonté générale de la nation parce que l'appel au peuple
le veut ainsi et que la conséquence des comices politiques ce sera
de donner la prépondérance sociale à nos bons éléments civiques,
ceux-ci seront amenés par la logique des principes à ne plus s'abstenir.

Il faut convenir que ce résultat sera très-heureux et fort oppor-
tun, car il importe au plus haut point d'opposer nos bons éléments
nationaux à nos mauvais éléments internationaux, dont les pré
tentions à la suprématie gouvernementale sont destructives de toute
conservation sociale.

*Deuxième conséquence sociale.* — La deuxième conséquence, c'est
ce fait que l'amour de l'ordre et des lois va nécessairement se développer au sein de nos masses populaires.

Dans les gouvernements d'exception (Monarchies absolues ou faussement constitutionnelles, Empires césariens ou Républiques arbitraires) c'est
une volonté particulière qui maintient l'ordre et qui fait les lois pour
ou contre la volonté générale, de sorte que celle-ci prend naturellement en haine : et l'ordre qu'elle n'a pas établi et les lois qu'elle n'a
pas faites.

Dans les gouvernements de principe, au contraire (Monarchies vraiment constitutionnelles ou plébiscitaires et Républiques légales), c'est la volonté
générale qui établit l'ordre et c'est elle qui fait les lois, de sorte
qu'elle prend naturellement en affection ce qu'elle considère comme
étant son ouvrage, car le propre de l'homme (la vanité aidant), c'est
de s'affectionner à tout ce qu'il a fait et de le défendre contre tout :
même contre la mort.

C'est comme cela d'ailleurs que le fameux problème posé par Platon se trouve en quelque sorte résolu, car il n'y a de si bonnes lois que
celles que le peuple affectionne au point de mourir pour les défendre (2).

Comme le Prince impérial ne veut arriver au pouvoir que s'il y
est appelé librement par la volonté nationale et que la situation
qu'il s'est faite ainsi l'obligera nécessairement à laisser au peuple

---

(1) *Du contrat social*, livre III § 15.
(2) Selon Platon les bonnes lois sont celles que les citoyens aiment plus que
la vie.

le soin de rétablir l'ordre et de faire ses lois essentielles (grâce surtout aux comices politiques) il arrivera ceci :

1° Que les Français défendront l'ordre gouvernemental, puisque ce seront eux qui l'auront établi ;

2° Qu'ils aimeront les lois puisque ce seront eux qui les auront faites ;

3° Qu'ils n'accorderont plus aucune considération à tous ces révolutionnaires qui tiraient leur force de l'arbitraire des factions et de l'égoïsme des gouvernants ;

4° Que les Français n'auront plus à souscrire à ces fâcheuses persécutions ou déportations comme celles qui ont eu lieu depuis bientôt deux siècles, parce que les factions politico-religieuses ou exclusivement politiques seront désarmées et réduites à l'impuissance par la seule force des principes.

*Troisième conséquence sociale.* — La troisième conséquence sociale, ce sera l'extinction forcée de notre noblesse héréditaire et purement nominale.

Dans les gouvernements d'exception (Monarchies absolues ou faussement constitutionnelles, Empires césariens ou Républiques arbitraires) la volonté particulière qui s'impose à la volonté générale peut très-bien obliger le peuple à subir la suprématie de quelques classes sociales, bien que celles-ci n'aient par elles-mêmes aucun mérite personnel, si ce n'est l'avantage de porter quelques titres assez vains dont on subit l'éclat bien plus qu'on ne l'accepte.

Dans les gouvernements de principe, au contraire (Monarchies vraiment constitutionnelles ou plébiscitaires et Républiques légales), c'est la volonté générale qui est souveraine et qui plane ainsi au-dessus de tous les pouvoirs sociaux, de sorte qu'elle ne peut guère souffrir d'autre suprématie que la sienne, si ce n'est celle de la noblesse vraie telle qu'elle s'affirme chez le citoyen désintéressé qui se dévoue tout entier à la gloire de son pays et qui se sacrifie sans réserve pour faire le bonheur de ses concitoyens.

Eh bien, une des conséquences du régime plébiscitaire et de l'appel au peuple, ce sera de faire disparaître notre noblesse héréditaire et purement nominale, car il va de soi que le peuple qui sera le souverain législateur ne pourra pas accepter à ses côtés une noblesse héréditaire qui nuit à la société, bien plus qu'elle ne la sert, parce qu'elle est trop nombreuse et partant trop besoigneuse.

Le régime plébiscitaire peut très-bien se concilier avec une noblesse à *vie* et même avec l'existence de quelques rares familles nobles dont la perpétuité serait basée sur des services *désintéressés,* rendus au pays de père en fils; mais il ne peut pas se concilier avec l'existence d'une noblesse héréditaire et purement nominale qui est trop nombreuse et qui ne rend aucun service à la société.

Cette réforme est d'autant plus impérieuse que les nobles sont par essence des parasites sociaux, de sorte qu'ils appauvrissent toujours les monarchies où ils sont généralement trop nombreux, au lieu de les enrichir. Et c'est cette fin inévitable tirée de l'histoire qui a fait dire à Montesquieu que : « *Les monarchies finissent par la* » *pauvreté.* »

*Quatrième conséquence sociale.* —La quatrième conséquence sociale, ce sera l'obligation, pour le clergé français, de se renfermer de lui-même dans ses limites rationnelles et logiques, car chaque fois qu'il tentera comme par le passé à se mêler de politique au point de créer des embarras au gouvernement, la volonté populaire qui sera cette fois directement en cause, puisque le pouvoir émanera d'elle et la représentera, exigera impérieusement que, selon la profonde maxime de l'évangile, *on rende à César ce qui est à César et à Dieu ce qui est à Dieu.*

Dans les gouvernements d'exception on ne pourrait pas obtenir un pareil résultat, car du moment que ces gouvernements séparent leur cause de celle du peuple, celui-ci ne les soutient pas de sa complicité, de sorte que, toutes les fois qu'ils essaient d'établir leur indépendance vis-à-vis du pouvoir religieux, ils échouent fatalement dans leur entreprise.

Cette vérité se défend d'elle-même et je conseille beaucoup à un de nos *chers* voisins de la méditer.

*Cinquième conséquence sociale.* — La cinquième conséquence sociale c'est l'impuissance de la presse.

Dans les gouvernements d'exception (Monarchies absolues ou faussement constitutionnelles, Empires césariens ou Républiques arbitraires) c'est une volonté particulière qui gouverne la volonté générale et qui lui fait la loi.

Enfin dans tout régime de faction, c'est une initiative plus ou moins arbitraire qui fait échec à l'initiative rationnelle du peuple.

Cela étant, on comprend aisément que la presse de ces pays soit très-puissante comme arme d'opposition politique, car elle tire sa force de la volonté générale, dont les vues sont le plus souvent très-contraires aux vues égoïstes de la faction qui gouverne.

Dans les gouvernements de principe, au contraire (Monarchies vraiment constitutionnelles ou plébiscitaires et Républiques légales), c'est la volonté générale qui est la puissance directrice et qui a seule le droit d'initiative suprême; de sorte que la presse est littéralement désarmée, car s'il est vrai que celle-ci soit une puissance par rapport aux régimes de faction, parce qu'ils font presque toujours de l'arbitraire, elle est impuissante par rapport à un régime de principe qui ne fait que de la légalité et qui puise toute sa force dans la source même où la presse puisait la sienne : *Dans l'opinion publique.*

Comme le Prince impérial doit se subordonner à la volonté générale, parce que le principe de l'appel au peuple le veut ainsi, il s'ensuit que la presse française sera désormais réduite à l'impuissance et que toutes les lois draconniennes qu'on a édictées contre elle seront cette fois parfaitement inutiles.

Je crois devoir faire remarquer ici qu'avec le régime plébiscitaire nous ne verrons plus de ces infâmes traitants accaparer les grands journaux pour faire des dupes et diriger l'opinion publique dans le sens de leur cupidité.

Quand on songe qu'aujourd'hui le dernier des escrocs qui se sera enrichi (Dieu sait comment!) peut mieux qu'un honnête homme se rendre le maître d'un grand journal et compromettre nos intérêts généraux les plus sacrés en égarant les esprits et en dirigeant les idées publiques dans le sens de ses convoitises, n'est-ce pas désolant?

Mais grâce à la réforme plébiscitaire, les cautionnements et les grandes mises de fonds deviendront inutiles pour fonder un organe de publicité, de sorte que la presse française n'aura plus à subir le joug honteux des gens d'argent.

Ce que je viens de dire de l'impuissance de la presse dans un régime de principe s'applique à toutes les institutions privées qui ont du rapport à la politique, notamment :

Aux sociétés de conférences et d'éducation ;

Aux réunions publiques et aux clubs ;

Aux associations ouvrières et aux coalitions de travailleurs ;

Aux corporations politico-religieuses et aux sociétés de secours ;

Et enfin, à toutes les alliances secrètes dont les vues sont particulières, car des tentatives de domination faites par des voies détournées, et qui peuvent aboutir dans un pays soumis à l'exception, n'ont aucune chance de réussite et partant aucun pouvoir de mal faire, dans un pays gouverné par la volonté générale.

*Sixième conséquence sociale.* — Le régime de principe qui sera forcément inauguré en France par le Prince impérial aura pour conséquence logique de permettre à l'initiative privée de se développer autant qu'il lui plaira, car s'il est naturel qu'un gouvernement d'exception soit toujours inquiet et ombrageux vis-à-vis des institutions qui émanent de l'initiative privée, surtout quand elles ont un but libéral, parce qu'elles se présentent à ses yeux comme une menace d'amoindrissement et un danger, il n'en est pas de même d'un gouvernement de principe, parce qu'étant de sa nature le subordonné constant de la volonté générale, celle-ci le protége tout naturellement contre les forces égoïstes que l'initiative privée pourrait concentrer en vue de le menacer et de le détruire.

La conclusion de ce qui précède, c'est que notre gouvernement plébiscitaire devra permettre à l'initiative privée d'organiser des institutions libres pour les opposer à nos institutions *fermées* comme le sont malheureusement la plupart de nos institutions, notamment nos corporations de lettrés, de médecins et d'avocats, qui se présentent à nos yeux comme de véritables *taboués*.

Enfin, il devra tolérer que la science libre vienne faire échec à la science officielle dont la fâcheuse influence ne tend rien moins qu'à *enchinoiser* notre pauvre France.


Ici se termine l'énumération des nombreuses conséquences dynastiques, gouvernementales et sociales, que le principe de l'appel au peuple *a priori* porte en lui.

Je ne prétends pas les avoir toutes fait connaître, car il en est qui ne me sont pas présentes à la pensée ; de même qu'il y en a que je tais, à dessein, bien que je les croie très-patriotiques ; mais enfin le peu que j'ai dit suffit pour faire comprendre quel changement profond et tout à fait nouveau le régime plébiscitaire doit introduire dans nos institutions et dans nos mœurs.

C'est assez la mode en France de croire que la révolution de 1789 fut un grand événement sans doute, parce qu'elle fit beaucoup de victimes ; mais, en réalité, elle ne fut qu'une fâcheuse usurpation bourgeoise, c'est-à-dire un simple déplacement d'égoïsme et une légitimation de l'arbitraire.

Par contre, l'avénement normal du régime plébiscitaire sera forcément le point de départ d'une rénovation fondamentale et légale de la société française.

Les réformes qui se feront alors n'auront pas, j'en conviens, cette allure dramatique et théâtrale, qui caractérise si bien nos bouleversements révolutionnaires de la fin du dernier siècle, de sorte qu'elles ne satisferont pas certains de nos lettrés, qui sont grands amateurs du clinquant social et de la politique ruolzée ; mais, en revanche, elles seront du goût de nos braves et laborieuses populations, qui aimeront toujours mieux des améliorations, modestes en apparence, mais effectives et réelles que ce *sublimé* révolutionnaire qui n'a du progrès politique que l'apparence menteuse et le dehors hypocrite.

La raison de cette différence, c'est que les bons éléments civiques, qui savent toujours bien s'approprier une idée nouvelle quand elle est pratique, et accepter les réformes dont ils voient l'utilité rationnelle sont notoirement hostiles à des bouleversements fantastiques qui dépassent leur entendement et qui échappent à leur sagacité, parce que, comme le dit si bien l'auteur de l'Imitation : « *Nous ne* » *souffrons pas aisément qu'on nous conduise au-delà de notre propre* » *lumière.* »

## De l'alternative du régime de principe et de l'exception.

Dans un gouvernement d'exception (Monarchie absolue ou faussement constitutionnelle, Empire césarien ou République arbitraire) la volonté particulière qui s'impose à la volonté générale, doit être, de sa nature, une volonté fortement concentrée ; c'est-à-dire que la logique des gouvernements d'exception, c'est de prendre en main tous les fils de la puissance publique, pour mieux diriger celle-ci dans le sens de la politique personnelle et des secrets desseins de la faction qui domine.

En un mot, tout régime de faction doit se saisir résolument de toutes les forces gouvernementales (armée et administration des provinces), puisque c'est par leurs secours qu'il peut subsister.

Ce qui résulte de cette concentration des forces, c'est que, si la nation court un grand danger, comme par exemple une invasion ennemie, le pouvoir public n'a pas besoin de modifier sensiblement son allure martiale, puisque les énergies gouvernementales qu'il faut centraliser pour résister à l'envahisseur, le sont déjà, en vue des soulèvements intérieurs auxquels les gouvernements d'exception sont sans cesse exposés. C'est-à-dire, que dans toutes les nations dont le pouvoir est d'exception (ce qui veut dire absolu et arbitraire), l'attitude du gouvernement est la même en temps de paix qu'en temps de guerre. Ou, pour mieux dire, il n'y a pas, à proprement parler, de temps de paix dans ces nations, car il s'y maintient une attitude de combat et d'état de siége, qui n'est qu'une des formes de l'état de guerre. Témoins la Perse, la Turquie, etc.........

Dans les gouvernements de principe, au contraire (Monarchies vraiment constitutionnelles ou plébiscitaires, et Républiques légales) la volonté générale qui règne et gouverne, ne permet pas que la puissance publique soit concentrée dans une ou quelques mains, parce que cette concentration est une contradiction au régime de principe, et une négation de la souveraineté nationale.

Mais, comme il est des cas où la patrie peut être envahie par l'étranger, et qu'alors le péril est d'autant plus grand que la puissance publique est disséminée sur tout le territoire, il faut absolument que, dans ces graves circonstances, le gouvernement passe subitement du régime de principe au régime d'exception.

Cette évolution est très-logique, et des hommes libres la comprennent toujours fort bien, car chaque citoyen, dans son particulier, se pénètre assez vivement de cette vérité que, ayant à choisir entre vivre mal sous un gouvernement défectueux, et ne pas vivre du tout (comme cela arrive quand on subit le joug étranger), il vaut bien mieux vivre mal. Et entre deux maux, choisir le moindre.

C'est ainsi que les Romains de la République entendaient les choses, car au moindre danger que courait la patrie ils créaient la dictature, et celle-ci avait parfaitement sa raison d'exister.

Et nous pouvons dire ici que, si la nation polonaise a péri d'une façon aussi malheureuse, c'est en partie parce qu'elle ne sut pas se rendre à cette raison dernière, quand il y avait lieu de le faire.

Comme le gouvernement du Prince impérial sera en principe un gouvernement décentralisé et d'allure très-pacifique, il faudra y prévoir le cas où la France courrait un grand danger, comme par exemple, une invasion étrangère, parce qu'alors on devra créer la dictature militaire et instituer un régime d'exception avec toutes ses conséquences logiques, comme par exemple : la suppression de la liberté individuelle, de la liberté de la presse, de la liberté d'élection, de discussion, de réunion, de transaction, etc., car, comme on le dit vulgairement : « *Aux grands maux, les grands remèdes.* »

Ainsi donc, tant que la France sera en paix et en sécurité, par rapport à l'étranger, elle pourra persister dans le régime plébiscitaire et vivre sous la sauvegarde des principes protecteurs de la souveraineté du peuple, sans toutefois négliger l'organisation d'un puissant système armé, qu'on tiendrait en réserve.

Mais aussitôt qu'une grande guerre se déclarera entre la France et un de ses puissants voisins, nous devrons entrer résolument dans la voie des moyens énergiques et des mesures d'exception en concentrant toute la puissance publique dans les mains du chef de l'Etat et des chefs d'armée placés sous ses ordres.

En un mot, si les Français veulent sérieusement concilier leur désir légitime d'être libres comme citoyens, et leur désir, non moins légitime, d'être indépendants, comme corps de nation, ils devront accepter forcément l'alternative suivante :

1° Décentralisation gouvernementale et modération constante du pouvoir en temps de paix et de sécurité nationale ;

2° Forte concentration des forces gouvernementales et des énergies publiques en temps d'invasion et de péril national.

Cette alternative est de toute nécessité pour un peuple libre qui veut que la fortune soit toujours de son côté.

Ce qui précède me conduit à faire la réflexion que voici :

J'ai fait ressortir plus loin la nécessité qu'il y avait pour le Prince impérial, chef des plébiscitaires, de s'affranchir du parti des autoritaires par la simple raison qu'ils sont de leur nature les ennemis jurés de tout régime de modération et de liberté ; mais une fois la guerre venue on pourra se fier à eux, car ils sont bien les hommes d'action les plus propres à redonner à un gouvernement l'allure martiale et radicalement dominatrice qui sera nécessaire dans l'occasion, ce qui veut dire que le rôle qui leur convient malgré leurs démonstrations démocratiques, c'est celui que les tories remplissent au-delà de la Manche.

La proposition que je fais là est basée sur cette considération qu'une nation qui veut être heureuse dans toutes ses entreprises doit faire attention que les hommes d'Etat qui sont précieux dans les temps de paix ne valent quelquefois rien dans les temps de guerre. Et *vicé versa*, de sorte qu'il faut faire ses choix selon la situation où l'on est, et le but qu'on veut atteindre plus particulièrement.

Enfin, comme Machiavel l'a fait observer avec beaucoup de raison :

« Il n'y a pas d'hommes assez prudents pour savoir toujours s'ac-
» corder avec les temps, parce que l'on ne saurait résister à son
» propre penchant, ou parce que l'on ne peut guère se résoudre à
» quitter une route où l'on a toujours trouvé la prospérité, et enfin
» parce que l'homme patient ne sait pas être impétueux quand il
» faut l'être, ce qui le perd ; au lieu que, s'il changeait de caractère
» suivant les temps et les choses, *on ne changerait pas de for-*
» *tune* (1). »

---

(1) Du Prince. Chapitre. xxv, 8ᵉ alinéa.

D'où on peut conclure qu'une nation qui ne veut pas changer de fortune, doit changer ses hommes d'Etat et les préférer patients ou impétueux selon qu'il y a nécessité d'être l'un ou l'autre.

A la première réflexion qui précède j'en ajouterai une autre que voici :

Lorsqu'une guerre éclate entre deux grands peuples qui ont : l'un un gouvernement de principe, l'autre un gouvernement d'exception, c'est celui d'exception qui est le premier prêt, puisque son allure constante c'est l'état de guerre. Donc il faut s'attendre à ce qu'il ait les premiers succès. Mais comme il manque des ressources fécondes et intarissables que possède tout naturellement son adversaire (le peuple libre) c'est celui-ci qui triomphera à la longue si toutefois il a la sagesse de pousser la guerre à outrance.

Ainsi donc en supposant que la France plébiscitaire et libre ait une guerre avec une grande nation qui serait exclusivement militaire et *absolument* monarchique (malgré ses dehors constitutionnels) il est presque certain que la campagne s'ouvrira par des revers de notre côté. C'est donc sagesse que de nous préparer à cette douloureuse épreuve; mais, grâce à nos ressources et à l'énergie indomptable qui caractérise si bien les peuples libres, nous arriverons à la longue à reprendre l'offensive et à triompher de nos ennemis.

Voilà ce que nous sommes en droit d'attendre d'un régime de principe; mais j'y mets une condition c'est que nous n'aurons pas la folie de désespérer comme en 1870, et de nous abandonner encore à des expédients révolutionnaires, alors que la situation et l'intérêt public exigent impérieusement que chacun de nous redouble de loyalisme et d'union patriotique.

Cette dernière réflexion me conduit à la troisième que voici :

Contrairement à l'opinion émise chaque jour par les autoritaires, la décentralisation gouvernementale n'expose pas la nation à de grands désastres, car, si on en juge par l'enseignement de l'histoire, ce n'est pas la décentralisation régulière qui produit les désastres, mais bien l'abus que les autoritaires font du régime centralisé, quand il n'y a pas nécessité pour l'ordre public de le maintenir.

Enfin je terminerai par cette autre réflexion :

Etant donnée l'évolution martiale commandée par l'état de guerre ou d'invasion, le gouvernement que le peuple français pourra choisir un jour sera mis dans l'impossibilité absolue d'être ou *tout-à-fait* une république ou *tout-à-fait* une monarchie puisqu'il devra être : tantôt républicain (c'est-à-dire de principe) tantôt monarchique (c'est-à-dire d'exception). D'où je conclus qu'il faut absolument méconnaître le vrai de la situation pour vouloir que la France soit ou *absolument* républicaine ou *absolument* monarchique puisque cet *absolu* est contraire à l'honneur de la France et à son intérêt bien entendu.

## De la génération fatale des régimes de principe et d'exception.

Dans les gouvernements d'exception (Monarchies absolues ou faussement constitutionnelles, Empires césariens, ou républiques arbitraires), c'est une volonté particulière qui est souveraine *par exception* et qui fait la loi à la volonté générale, de sorte que celle-ci qui n'est pas responsable et qui n'est rien pour ainsi dire, n'a pas à se préoccuper ni de la prospérité nationale, ni de la conservation de l'État, ni de l'intégrité du territoire ni de l'honneur de la patrie, etc.

Dans ces conditions il est très-naturel que la souveraineté des masses populaires reste en réserve aussi longtemps que ces masses s'affranchissent de tous soucis patriotiques et repoussent toute responsabilité gouvernementale.

Mais du jour où les obligations politiques les plus essentielles incombent aux masses populaires;

Du jour où ce sont ces masses qui paient le plus d'impôts (toutes proportions gardées) et qui au péril de leurs jours défendent l'honneur national et l'intégrité de la patrie;

Du jour où le peuple en corps est appelé à délibérer souverainement sur les affaires publiques et à décider en dernier ressort entre les différentes factions qui déchirent la patrie et qui se disputent le bonheur de l'opprimer;

Du jour enfin où les masses populaires qui n'étaient rien sont tout, le gouvernement passe forcément du régime d'exception au régime de principe, parce que la souveraineté populaire qui était en réserve devient active. Ce mouvement est inévitable car la logique des faits veut absolument qu'il se produise.

Dans les gouvernements de principe (Monarchies vraiment constitutionnelles ou plébiscitaires et Républiques légales), c'est la volonté générale qui est souveraine *en principe* et qui fait la loi à la nation, c'est-à-dire à elle-même; de sorte que c'est à elle qu'incombe l'initiative gouvernementale ainsi que les charges et les soucis qui s'y rapportent.

Tant que cette situation se perpétue la souveraineté populaire reste active.

Mais si à la suite d'une guerre un peuple qui est souverain triomphe sur ses voisins et qu'alors ne sachant pas borner son ambition ni se donner des limites il ait la folie d'imposer le joug aux vaincus et de les gouverner malgré eux, il arrive nécessairement ceci : c'est que le régime d'exception (la dictature) qui avait été institué momentanément pour la guerre se perpétue forcément dans la nation victorieuse, de sorte que le peuple qui était souverain cesse de l'être.

Ce mouvement est fatal, car il est dans la nature des choses que l'oppression gouvernementale qu'on fait peser sur des peuples voisins en se les annexant violemment devienne générale, et cela par la raison très-simple que le gouvernement qui contracte l'habitude de s'imposer à des éléments hostiles reste forcément un régime d'exception, de violence et de force armée.

La ruine de là république romaine n'eut pas d'autres causes; et lorsque je vois certaines gens s'acharner contre la personne des Césars, sous prétexte qu'ils ont causé la ruine de la république romaine, je ne puis m'empêcher d'être triste et de désirer ardemment que l'étude des vrais principes de la politique fasse des progrès dans notre malheureux pays.

Je n'entends pas dire que les Césars romains aient été de petits *Saints-Jean,* loin de là; mais je dois leur rendre cette justice que ce sont eux qui ont voulu borner l'Empire et en resserrer les limites (ce qui aurait eu pour résultat de rendre au peuple romain tout ou partie de sa souveraineté), tandis que ce sont ces abrutis de Romains qui ne voulurent ni se borner, ni se donner des limites, ni se restreindre.

Puisque je parle des Césars romains, je puis dire un mot d'un phénomène singulier, qui s'est produit de leur temps et qui paraît avoir échappé à la sagacité des critiques d'histoire, c'est que la plupart des Empereurs romains inauguraient leur règne par des actes d'une extrême bonté sinon par des résolutions empreintes d'une grande sagesse, et que c'est dans la suite seulement qu'ils devenaient ces fameux monstres que tout le monde connait. Témoin l'empereur Néron.

La raison de ce phénomène c'est qu'un chef d'Etat peut difficilement rester bon et sage lorsqu'il est fatalement enfermé dans un cercle d'hommes lâches ou avides, et qu'il n'a pour le conseiller et le seconder dans le gouvernement que des matérialistes éhontés, que de profonds égoïstes, que de misérables citoyens, que de vils salariés qui sont sans cesse tourmentés par l'ambition la plus effrénée et la moins légitime. (Hélas! la vie de notre roi Louis XV est toute dans ces quelques mots)!

La conclusion de ce qui précède c'est que, selon l'expression de Xavier de Maistre : « *Les peuples ont lè gouvernement qu'ils méritent.* »

Pour en revenir à la question des causes génératrices, nous devons dire qu'en thèse générale il faut qu'un peuple, qui est souverain et qui veut conserver sa souveraineté, prenne grand soin d'éviter tout agrandissement arbitraire de son territoire et de sa population surtout quand cet agrandissement a pour effet inévitable d'augmenter tellement le nombre des volontés subjuguées et hostiles que celles-ci l'emportent sur les volontés libres et souveraines, car alors le gouvernement fait nécessairement bascule; c'est-à-dire qu'il passe de lui-même et inconsciemment du régime de principe au régime d'exception.

Ce mouvement est d'ailleurs fort rationnel, puisque les éléments qui étaient autrefois souverains et en majorité sont devenus la minorité et *l'exception.*

C'est ainsi qu'on s'explique pourquoi la république romaine a été convertie en Empire césarien, c'est-à-dire en régime d'*exception.*

C'est aussi comme cela qu'on s'explique pourquoi la république Polonaise s'est corrompue et pourquoi la confédération germanique devient de plus en plus un régime d'exception.

Enfin, c'est de cette manière que le gouvernement de Washington passera définitivement du régime de principe au régime de *l'exception permanente.* A moins pourtant que la nation ne prenne la résolution suprême de se limiter et de se défaire des territoires qu'elle conserve arbitrairement depuis la guerre de sécession.

Finalement, nous concluons avec Montesquieu : « Que pour conserver les principes du gouvernement établi, il faut maintenir l'Etat dans la grandeur qu'il avait déjà ; et que cet Etat changera d'esprit à mesure qu'on rétrécira ou qu'on étendra ses limites (1). »

Comme le Prince impérial s'est fait le champion de la volonté nationale en acceptant franchement l'appel au peuple et la souveraineté de la nation, il n'y a plus qu'un gouvernement de possible en France dans les temps présents, c'est un gouvernement de principe ; c'est-à-dire un gouvernement tiré de la bonne volonté du peuple et basé sur le libre consentement de nos éléments civiques.

Cette venue est inévitable, et certes nos braves populations peuvent, sous ce rapport, se permettre toutes les espérances, parcequ'elles sont légitimes et fondées en raison.

---

(1) *Esprit des lois,* livre VIII, chap. xx.

Mais ce gouvernement, une fois réalisé en France, on ne saurait trop faire attention, qu'au cas où la dictature serait instituée momentanément pour échapper à un grand péril, le peuple français cesserait définitivement d'être le souverain, s'il n'avait pas l'énergie et la sagesse de réagir contre les causes de guerre qui ont fait instituer la dictature et recourir à l'exception.

En un mot, si le peuple français ne veut pas se mettre dans le cas de perdre définitivement les franchises constitutionnelles et la souveraineté dont il s'était dessaisi momentanément, il devra :

1° Se limiter sagement et borner son ambition ; c'est-à-dire qu'il devra prendre soin de ne pas dominer d'autres peuples, car la logique de la domination, c'est la perpétuité de l'état de guerre et la permanence du gouvernement d'exception qui lui est propre.

2° Ne recourir à la dictature que dans les circonstances extraordinaires, comme par exemple, une grande guerre sur nos frontières, et l'invasion étrangère.

3° Ne jamais se désintéresser des affaires de l'Etat, ni s'affranchir des devoirs publics, qui sont générateurs de la souveraineté populaire. Notamment le service de guerre.

Ces précautions sont essentielles et c'est parce que les Lacédémoniens ont bien su les prendre, qu'ils se sont distingués entre tous les peuples de leur temps par la longue prospérité de leurs libertés intérieures et de leur indépendance nationale.

J'ai fait voir combien d'avantages les régimes de principe offraient quand ils sont réels et non mensongers ; mais par contre ils offrent ce fâcheux inconvénient que le gouvernement peut être poussé à la guerre malgré lui, car si le peuple, qui est le souverain maître de ses destinées, veut la guerre, le chef de l'Etat ne peut guère y faire obstacle, parce qu'il est emporté par le courant populaire auquel il est subordonné.

C'est là, je dois l'avouer franchement, le grand reproche qu'on est en droit de faire à tous les régimes populaires, car, quoi qu'en disent certains mangeurs de rois et d'empereurs, ce sont bien plus les peuples qui poussent à la guerre que leur chef suprême, parce que celui-ci n'est jamais que ce que la nation le fait.

C'est donc à la nation devenue souveraine à bien savoir entendre raison et à comprendre sagement qu'il y va de son intérêt et de sa liberté de n'être pas agressive, de ne pas faire des conquêtes arbitraires, de ne pas se livrer à la folle fantaisie de dominer injustement d'autres nations, et enfin de ne pas s'annexer violemment d'autres peuples, parce que dans l'un et l'autre cas c'est le régime d'exception qui se substitue au régime de principe ; c'est-à-dire que le peuple qui était souverain cesse de l'être et comme cela *il se trouve puni par où il a péché.* Ce qui est justice.

Je vais terminer cet exposé de la génération gouvernementale par les deux réflexions que voici et qui sont bonnes à répéter :

1° D'abord je dois dire que le régime plébiscitaire tel qu'il est accepté en principe par le Prince impérial et tel qu'il est défendu ici n'a aucune analogie avec le césarisme.

Le régime de l'appel au peuple, avec la pratique des comices cantonnaux, est la subordination constante de la volonté gouvernementale à la volonté des masses populaires disséminées sur tout le territoire.

Le césarisme, au contraire, avec sa concentration martiale et sa bureaucratie despotique et anonyme n'est pas autre chose que l'oppression de la volonté générale par une volonté particulière qui s'appuie : soit sur une faction civile concentrée au siége du gouvernement soit sur une faction militaire concentrée dans un camp.

Mais vouloir que le régime plébiscitaire et de l'appel au peuple soit une fortification du césarisme français, c'est faire preuve d'une bien grande ignorance politique (feinte ou réelle) car ce régime porte en lui le principe destructeur de tous les césarismes possibles et imaginables notamment des césarismes bourbonniens ou bonapartistes ; bourgeois ou populaciers.

2° La deuxième réflexion que j'ai à faire se résume comme il suit :

Les Anglais et les Hollandais dont le génie est républicain par essence ont dû renoncer au système des chefs d'Etat *électifs* et s'accommoder d'une famille princière héréditaire.

Les Français, dont le génie est également républicain, ont essayé à plusieurs reprises et sans succès de se donner des chefs d'Etat élus systématiquement et ils devront après tout s'en tenir à l'idée de l'hérédité dynastique basée sur le libre consentement des masses populaires.

Les raisons de cette nécessité sont nombreuses ; mais il en est une que je vais essayer d'expliquer :

Dans tous les Etats politiques il y a des intérêts nationaux qui réclament de la continuité et un très-grand esprit de suite, surtout en ce qui concerne les affaires extérieures et les rapports de suprématie avec les nations étrangères.

Ces intérêts sont généralement de peu d'importance dans les petits Etats qui sont sans colonies, parce qu'ils n'ont pas à proprement parler d'affaires extérieures à traiter. Mais il n'en est pas de même des grands Etats qui ont un rôle prépondérant à soutenir sinon de graves questions internationales à résoudre et à mener à bonne fin.

Ce qui résulte de cette différence, c'est que dans les petits Etats on n'a pas à craindre qu'en changeant périodiquement et systématiquement le premier magistrat du pays, on compromette les intérêts nationaux qui exigent de la suite et de la continuité puisque des intérêts de ce genre n'y existent en quelque sorte pas.

Mais dans les grandes puissances, au contraire, où ces intérêts existent il y a du danger à ce que le chef de l'Etat soit électif et ne fasse que passer au pouvoir parce que, au milieu des luttes occasionnées par les élections suprêmes sans cesse répétées, on peut perdre de vue sinon très-mal conduire les affaires extérieures et les entreprises diplomatiques.

C'est comme cela qu'on s'explique pourquoi quelques grandes nations de l'Europe, notamment la Hollande, l'Angleterre et l'Autriche, s'appliquent à combiner l'hérédité dynastique avec les institutions républicaines.

C'est encore comme cela qu'on s'explique pourquoi la nation polonaise s'est perdue, car n'ayant pas su concilier son génie républicain avec le régime de l'hérédité dynastique, elle s'est mise dans le cas d'être un jour ou l'autre la proie de ceux de ses voisins qui étaient hostiles aux institutions libres en général et aux institutions polonaises en particulier.

Des inconvénients de ce genre ne se firent pas sentir à Rome, surtout lorsqu'elle fût un grand Empire, mais il faut considérer qu'en ce temps-là le peuple romain avait absorbé toutes les nations étrangères qui subsistaient à ses côtés de sorte qu'il n'eût plus à proprement parler d'intérêts extérieurs à sauvegarder, ni d'affaires diplomatiques à conduire à bonne fin.

## Un dernier mot.

Est-il raisonnable de croire que le Prince impérial tiendra toutes les promesses de libéralisme et de réforme que je viens de faire en son nom?

Je laisse à mon lecteur le soin de répondre à cette question dans le sens qu'il lui plaira; mais je persiste à dire que, si le Prince impérial ne tenait pas toutes ces promesses, il manquerait à sa déclaration du 16 mars et se perdrait infailliblement.

On viendra m'objecter, je le sais, la jeunesse du Prince impérial. Mais à cela je répondrai tout d'abord avec notre grand poète stoïcien, que :

> *« La valeur aux âmes bien nées*
> *» N'attend pas le nombre des années. »*

Je répondrai ensuite en vile prose que, pour triompher des difficultés du moment, la jeunesse du Prince impérial est plutôt un avantage qu'un inconvénient, car, arrivant fort jeune aux affaires et y introduisant un principe nouveau, il ne sera pas enchaîné à de fâcheux précédents, ni soumis à des principes anciens qui sont condamnés par la raison publique. Enfin du moment que le Prince impérial a pour principe avoué de se soumettre à la volonté générale et de la servir, il aura, plus qu'aucun autre chef suprême, le moyen de faire de grandes et de belles choses en France, car ainsi que le dit si bien l'auteur de l'Imitation : « On fait beaucoup quand on fait » bien ce que qu'on fait et on fait bien quand on cherche plutôt à » procurer *le bien de tous qu'à satisfaire sa volonté.* »

# RÉSUMÉ

Sous l'ancien régime, la souveraineté populaire était nulle en France; c'est à-dire qu'elle était inactive et en réserve, parce que nos Rois l'avaient confisquée à leur profit.

Cette inactivité souveraine du peuple, qui variait avec les circonstances et la nature du Prince régnant, atteignit son maximum d'intensité sous Louis XIV, car ce roi était bien le souverain le plus absolu qu'il y ait eu dans le monde.

Mais, comme sous son règne on dut imposer le service de guerre à une bonne partie du peuple, et qu'ainsi les populations se créaient des droits à la souveraineté *active* il devait en résulter un grand mouvement dans le sens de la souveraineté populaire et c'est comme cela qu'on s'explique la *poussée* de 1789.

Cette date fameuse paraissait marquée en quelque sorte pour une grande émancipation de la nation française; mais hélas ! nos bourgeois, qui avaient déjà à cette époque la prétention d'être à eux seuls toute la nation, ne voulurent pas que le mouvement de rénovation allât au-delà de leur sphère et s'étendît jusqu'aux masses, de sorte que ce qu'on est convenu d'appeler « *l'immortelle révolution* » ne fut pas autre chose qu'une usurpation bourgeoise et rien de plus. Car de quoi était-il question dans tous les changements qui s'opéraient alors ? C'est que le Tiers-Etat qui n'était rien « *fut tout* »; c'est-à-dire souverain à l'exclusion du reste de la nation.

C'est bien en effet vers ce but que la bourgeoisie de 1789 tendait systématiquement, dût-elle pour cela perpétuer en France un régime d'exception : quelque chose comme un arbitraire du « *juste milieu.* »

Mais, grâce à l'héroïque intervention des masses populaires, dans les guerres de la Révolution;

Mais, grâce aux grandes victoires remportées par Napoléon Ier avec le concours du peuple français ;

Mais, grâce à la part glorieuse que les plus humbles d'entre les Français prirent aux guerres de Crimée et d'Italie à l'exclusion des classes bourgeoises, il fallut, bon gré mal gré, compléter une évolution populaire que Louis XIV avait d'abord rendue nécessaire, et que des intérêts bourgeois avaient momentanément entravée.

C'est cette nécessité du moment que l'empereur Napoléon III a fort bien comprise en 1870, car en consultant directement la nation, comme il le fit le 8 mai, malgré les menées des parlementaires, il reconnaissait une autorité qui était supérieure à la sienne, et pour la première fois on voyait un Prince encore tout puissant se soumettre humblement au jugement du peuple et lui dire : « *A toi la souveraineté ; à moi l'obéissance.* »

Comme le Prince impérial a déclaré le 16 mars qu'il se soumettra avec respect au jugement du pays, c'est la tradition du 8 mai 1870 qu'il reprend, de sorte qu'il confirme la révolution souveraine accomplie à cette date.

Ainsi donc le sort en est jeté. Depuis la déclaration de Chislehurst c'est le peuple français qui est en principe le seul souverain de la nation, car le voilà ouvertement reconnu par un Prince, comme ayant seul l'autorité voulue pour légitimer les gouvernements et juger souverainement de leur droit.

Quant à l'exercice de cette souveraineté nouvelle, ce n'est plus qu'une affaire de temps. Mais, quoi qu'il en soit et quoi qu'il puisse arriver de fâcheux au Prince impérial, comme par exemple une mort prématurée, sinon un échec électoral qui l'éloignerait du pouvoir il n'en sera pas moins noté par tout historien impartial comme l'instituteur primordial de la souveraineté nationale *libre* et le fondateur en principe du régime plébiscitaire français.

C'est une remarque à faire ici que le Prince impérial aurait pu parfaitement invoquer son droit d'hérédité, tel qu'il a été défini dans la loi du peuple du 8 mai 1870. Certes, une semblable revendication lui était tout aussi bien permise qu'à M. le Comte de Chambord, surtout aux yeux des hommes de conscience qui respectent à la fois, et les lois et le brave peuple qui les a sanctionnées. Mais le Prince impérial a préféré se soumettre à un nouveau jugement du pays, librement et directement consulté.

Eh bien ! c'est précisément cette nouvelle soumission qui mérite d'être prise en sérieuse considération et qui se recommande par les divers avantages qui en découlent et qu'on ne saurait trop faire ressortir en vue de bien rassurer les esprits.

D'abord cette soumission est très-appropriée à la circonstance présente et à nos besoins du moment, car un nouveau vote du peuple est indispensable pour bien affirmer la souveraineté nationale et imposer silence à tous les ennemis de nos libertés publiques et de nos lois populaires.

En second lieu, cette soumission promet au Prince impérial une indépendance des plus heureuses pour parvenir à ses fins libérales, car du moment qu'il accepte un nouveau verdict du peuple, au lieu d'invoquer son ancien droit, comme il aurait pu le faire, il devient l'âme d'une institution nouvelle qui se trouvera nettement dégagée des erreurs d'autrefois et des fautes du passé.

En un mot, la doctrine de l'appel au peuple *à priori*, telle qu'elle a été reconnue dans la déclaration de Chislehurst, offre cet incomparable avantage qu'elle permet au Prince impérial d'avoir ses libres allures vis-à-vis des factions (les autoritaires compris), puisqu'il ne leur devra rien. Et c'est précisément comme cela que le difficile problème, qu'il importait tant de résoudre, se trouve résolu.

« Le peuple et les habiles, dit Pascal, composent pour l'ordinaire » le train du monde : les autres le méprisent et en sont méprisés. »

Vauvenargues, qui admire cette profonde pensée, l'explique comme il suit : « Ceux qui n'ont qu'un esprit médiocre ne pénètrent pas » jusqu'au bien ou jusqu'à la nécessité qui autorise certains usages, » et s'érigent mal à propos en réformateurs de leur siècle. Les ha- » biles, au contraire, mettent à profit la coutume bonne ou mauvaise, » abandonnent leur extérieur aux légèretés de la mode et savent se » proportionner au besoin de tous les esprits. »

Le sage Montesquieu, qui aurait pu signer les lignes qui précèdent, dit de son côté : « Inviter quand il ne faut pas contraindre, con- » duire quand il ne faut pas commander, c'est l'habileté suprême. »

Enfin ce bon Vauvenargues déjà cité pose comme une sorte d'axiome que : « le terme de l'habileté c'est de gouverner sans la force. »

Eh bien ! je le demande, comment peut-on « *se proportionner au* » *besoin de tous les esprits,* » si ce n'est en allant franchement au devant d'eux et en les consultant avec conscience et loyauté ?

Comment peut-on « *inviter quand il ne faut pas contraindre et* » *conduire quand il ne faut pas commander,* » si ce n'est en se faisant bravement et ouvertement le défenseur de la volonté générale contre les factions qui tendent à l'opprimer ?

Comment peut-on « *gouverner sans la force,* » si ce n'est en subordonnant sans cesse l'existence du gouvernement au libre consentement des masses populaires répandues sur tout le territoire ?

Voilà la grande vérité que l'empereur Napoléon III a comprise assez tôt pour ne pas tomber misérablement comme le prétendent ses vulgaires contempteurs ;

Voilà la grande vérité que le Prince impérial accepte assez à propos pour arriver bravement au pouvoir et s'y perpétuer dignement en faisant triompher la souveraineté du peuple et le règne des lois.

Enfin, comme l'a très-bien fait observer notre profond penseur, Pascal : « Il y a des vices qui ne tiennent à nous que par d'autres et qui, en ôtant le tronc, s'emportent comme des branches. »

Eh bien ! nous avons devant les yeux des exemples frappants de cette vérité appliquée à notre corps politique : comme les divers gouvernements qui ont existé en France depuis plus d'un siècle ont négligé de s'améliorer dans le sens de leur soumission à la volonté nationale *libre*, ils n'ont pu réaliser aucune réforme sociale ou gouvernementale parce qu'il leur était impossible d'exiger d'autrui des vertus qu'ils n'avaient pas eux-mêmes.

En un mot nos divers pouvoirs suprêmes n'ont jamais rien pu réformer dans le corps politique, parce qu'ils étaient eux-mêmes la négation de toute réforme. Mais maintenant que le Prince impérial est enfin sorti de ce cercle vicieux en acceptant franchement l'appel au peuple *à priori* avec toutes ses obligations logiques, il faudra nécessairement que les pouvoirs publics et sociaux qui vivront à ses côtés se réforment bon gré mal gré parce que « *le tronc* » aura décidé impérieusement de la conduite « *des branches*. »

Finalement nous dirons que depuis la déclaration de Chislehurst la situation du Prince impérial est nouvelle en même temps que très-heureuse et parfaitement définie :

A un peuple vaillant qui réclame sans cesse la reconnaissance de son droit souverain il fallait un champion. Le fils de Napoléon III est ce champion.

A nos éléments civiques désorganisés par les manœuvres des factions il fallait un grand nom qui leur servit de point de ralliement. Le descendant des Napoléon est ce grand nom.

A nos braves et honnêtes populations si amoureuses de la paix publique et de la modération gouvernementale il fallait un principe stable à opposer aux ennemis de l'ordre et aux avides. Le noble exilé de Chislehurst est ce principe .

A nos masses populaires devenues souveraines il faudra un magistrat constitutionnel qui ait le pouvoir d'opposer sans cesse la volonté générale de la nation à la volonté égoïste des factions. Le représentant de l'idée impériale sera ce magistrat.

A une nation exposée aux invasions comme l'est la France il faudra un protecteur naturel des frontières. L'élu du peuple pourra seul être ce protecteur.

A notre vieille société qui gémit sous le poids de ses vices il fallait un homme nouveau qui pût la réformer en se réformant lui-même. La déclaration du 16 mars dernier nous promet cet homme.

Enfin à la France malheureuse et si cruellement éprouvée par le génie aveugle de toutes nos factions il faut une âme jeune et attentive qui sache comprendre nos aspirations du jour et deviner celles du lendemain. Le Prince impérial sera cette âme, si le veulent bien et Dieu et le peuple français.

Versailles, le 24 Juin 1874.

# POST-SCRIPTUM

Sous prétexte que c'est l'empereur Napoléon III qui a déclaré la guerre en 1870, les ennemis de ce prince le représentent assez volontiers comme étant le seul auteur de toutes nos infortunes dernières.

Il ne serait pas difficile de démontrer que ceux qui l'accusent si complaisamment sont plus coupables que lui sinon autant, et j'essaierai de le faire un jour. Mais pour le moment je veux résumer la question de la manière suivante:

Quand de grands malheurs frappent un peuple, celui-ci les accepte d'une façon bien différente selon qu'il est libre ou servile, vaillant ou lâche.

Un peuple vaillant et libre ne cherchera jamais ailleurs qu'en lui-même la cause de ses maux, parce que c'est comme cela seulement qu'il peut y remédier et en prévenir le retour.

Par contre un peuple lâche et servile qui aura eu des infortunes publiques en rejetera toute la faute sur ses chefs suprêmes, parce qu'il trouve cela plus commode et moins gênant.

En un mot, un peuple qui a été malheureux dans ses entreprises, notamment à la guerre, n'accusera que lui-même s'il est fier et grand, parce qu'il ne veut prendre conseil que de son courage, au lieu que, si ce peuple est vil et misérable, il rendra ses chefs suprêmes responsables de tous ses maux, parce qu'il ne veut prendre conseil que de sa lâcheté.

Or donc, si les Français ne craignent pas d'être considérés comme des citoyens lâches et serviles, ils peuvent parfaitement mettre tous nos échecs de 1870-1871 sur le compte de l'empereur Napoléon III.

Mais si, au contraire, ils tiennent à avoir le respect des autres nations et à s'entourer du prestige que possèdent généralement les nations libres qui ont le courage de leurs erreurs, eh bien, il faut que chacun de nous en particulier prenne vaillamment sa part de nos récents désastres et se frappe la poitrine en disant comme le chrétien repentant: « *C'est ma faute, c'est ma faute, c'est ma très-grande faute.*

Enfin les Français demeurent parfaitement libres de charger un seul homme des fautes de tous, mais alors ils doivent renoncer à leur prétention d'être un peuple supérieur, viril et noble, parce que ces deux attitudes ne se concilient pas et ne peuvent jamais se concilier car :

Ou bien la France ne s'en prend qu'à elle même des malheurs dont-elle a été frappée et dans ce cas elle s'affirme comme nation émancipée et libre.

Ou bien elle se déclare irresponsable des fautes commises dans ces derniers temps, et dans ce cas elle se présente aux regards de l'étranger comme une nation tombée en enfance et indigne de se gouverner.

Je pose ces questions, c'est à la nation française à y répondre.

# TABLE DES MATIÈRES



Versailles. —· Imprimerie G. BEAUGRAND et DAX, rue du Potager, 9.